Das Bloomberg 1×1 der Geldanlage

Kathy Kristof ist Finanzjournalistin und Verfasserin der zweimal wöchentlich erscheinenden Finanzkolumne »Your Money« in der *Los Angeles Times.* Sie erhielt zahlreiche Auszeichnungen, unter anderem 1998 den Preis als Verbraucheranwältin des Jahres, der von der California Alliance for Consumer Education vergeben wird.
Koautorin *Sabine Theadora Ruh* ist Journalistin mit den Schwerpunkten Finanzdienstleistungen und Wirtschaft sowie Autorin zahlreicher Bücher, darunter *Schluss mit dem Geldverschenken* (Campus 2000) und *Mit 100 Mark sind Sie dabei* (Campus 2001).

Kathy Kristof
Sabine Theadora Ruh

Das Bloomberg 1×1 der Geldanlage

Ihr Praxisbuch für den Einstieg

Aus dem Englischen von Petra Pyka

Campus Verlag
Frankfurt/New York

Die amerikanische Originalausgabe erschien 2000 bei Bloomberg Press,
Princeton, New Jersey, unter dem Titel »Investing 101«.

Aus dem Englischen von Petra Pyka

Redaktion: Brigitte Kleidt

Die Deutsche Bibliothek – CIP-Einheitsaufnahme
Ein Titeldatensatz für diese Publikation ist bei
Der Deutschen Bibliothek erhältlich.
ISBN 3-593-36788-2

Umschlaggestaltung: Guido Klütsch, Köln
Satz: Satzspiegel, Nörten-Hardenberg
Druck und Bindung: Media-Print Informationstechnologie, Paderborn
Gedruckt auf säurefreiem und chlorfrei gebleichtem Papier.
Printed in Germany

Inhalt

Dank

Eigentlich hatte ich nie vor, ein Buch über Geldanlagen zu schreiben. Viel zu langweilig, dachte ich. Doch mein Chef bei der *Los Angeles Times*, Bill Sing, ließ nicht locker. Die Menschen benötigen dringend seriöse Informationen, sagte er; sie wollen wissen, welche Aktien sie auswählen, wann sie besser in Anleihen investieren und wie sie in das Thema überhaupt einsteigen sollten. Solche Entscheidungshilfen – und eben nicht in trockener Form – seien notwendig, beharrte er. Informativ, spannend formuliert und aufs Wesentliche beschränkt. Nur die Fakten, kein Fachchinesisch. Ein ehrgeiziges Projekt, doch er war der Boss.

Also schrieb ich eine Artikelreihe mit Tipps rund ums Investieren, und dann noch eine und noch eine. Die Nachfrage war so stark, dass wir sie erweitert in Buchform veröffentlicht haben. Während der Arbeit daran merkte ich, dass Bill Recht hatte – wieder einmal, wie ich zähneknirschend einräumen muss. Und wieder einmal stehe ich in seiner Schuld. Danke, Billy.

Es heißt, ein Journalist sei nur so gut wie seine Quellen. Meinen Informanten bin ich jedenfalls zu großem Dank verpflichtet. Es handelt sich buchstäblich um Hunderte von Fachleuten – Analysten und Manager bei Firmen wie Merrill Lynch, Oppenheimer & Co, Neuberger & Berman, Fidelity Investments, Vanguard, T. Rowe Price und anderen, ganz zu schweigen von den zahllosen brillanten Steuerberatern und Finanzplanern, die mir ihre kostbare Zeit widmeten und mit mir über Märkte, Wirtschaft, Trading-Strategien und Portfolio-

Strukturierung redeten. Manche werden auf den folgenden Seiten zitiert, andere nicht. Ihr Wissen hat viel zur Entstehung von *Das Bloomberg 1×1 der Geldanlage* beigetragen.

Es ist schwer, den Dank an Freunde und Familie in Worte zu fassen. Sie tragen – vor und hinter den Kulissen – zu allem bei, was ich tue. Mit ihrer Hilfe und Unterstützung scheint mir nichts unmöglich. Ein Segen, dass es euch gibt. Ich danke euch.

Kathy Kristof

Ein Wort vorab

Die Bloomberg-Bücher gehören zu den Besten auf dem Gebiet der Finanzliteratur. Die Autoren, die in der Reihe »Bloomberg bei Campus« publizieren, sind ausgewiesene Experten. Bei den deutschsprachigen Ausgaben wirken Fachleute mit, die alle Fakten prüfen und gegebenenfalls Anpassungen für die deutschen Leserinnen und Leser vornehmen.

Für dieses Buch wurde als deutsche Koautorin die Finanzjournalistin Sabine Theadora Ruh gewonnen. Sie hat vor allem die Kapitel 4, 8, 11 und 13 bearbeitet.

Lektorat Wirtschaft, Campus Verlag

Einführung

Bevor wir uns dem eigentlichen Thema zuwenden, möchte ich Ihnen eine meiner Lieblingsgeschichten dazu erzählen. Sie ist tatsächlich so passiert und verdeutlicht etwas, das Sie bei der Lektüre dieses Buches stets im Hinterkopf behalten sollten – besonders, wenn Sie an Ihren Fähigkeiten zu klugen Investitionen zweifeln.

Die Geschichte beginnt an jenem düsteren Oktobertag, an dem die so genannte Asiatische Währungskrise ausbrach. Der Dow Jones Industrial Average – ein Schlüsselindikator für die Gesundheit der Märkte – brach um über 300 Punkte ein. Wie jeder andere Finanzjournalist auf der Welt musste ich mir den Kopf darüber zerbrechen, wie ich dieses Geschehen der Leserschar einer großen Zeitung begreiflich machen sollte.

Ich hatte das Glück, bei der *Los Angeles Times* zu arbeiten. Dort werden solche Ereignisse von Dutzenden erfahrener Redakteure bearbeitet. Ich musste mich also nicht um die ganze Geschichte kümmern, nicht alle Zahlen und Fakten, welche Aktien warum am stärksten gefallen waren, erwähnen, sondern nur feststellen, ob bei den Privatanlegern Panik herrschte (wie von den Profis erwartet). Angesichts des hektischen Handels und des drastischen Kurseinbruchs der Aktien war klar, dass hier irgendjemand panisch reagierte.

Ich hängte mich ans Telefon. Im Gespräch mit institutionellen Anlegern konnte ich förmlich hören, wie sich unter ihren gestärkten weißen Hemden und grauen Nadelstreifenanzügen die Schweißtropfen bildeten. Gesagt wurde wenig, eher gestammelt. Unvollständige

Sätze wie: »Die asiatische Finanzkrise ... breitet sich aus ... könnte globale Ausmaße annehmen ... Markteinbruch ... Möglicherweise Verkaufssignal.« Das klang doch sehr nach Panik.

Dann telefonierte ich mit Dutzenden von Privatanlegern. Manche erreichte ich zu Hause, manche an ihrem Arbeitsplatz. Manche waren auch zum Baseball gegangen. Atemlos wirkte keiner. Sie schwitzten auch nicht. (Wobei – ganz sicher konnte ich das nicht sagen. In Los Angeles ist es im Oktober manchmal noch recht heiß. Jedenfalls schwitzten sie nicht so, dass man es hören konnte.)

Riefen sie aufgeregt ihre Broker an, um zu verkaufen? Nein. Stattdessen erzählten sie mir, was ich eigentlich von den Profis erwartet hätte: Am Markt geht es eben auf und ab. So lange meine Investitionen meinen Zielen entsprechen, muss ich mir um kurzfristige Entwicklungen keine Gedanken machen. Ich habe andere Dinge im Kopf, das Baseball-Spiel etwa. Nein, Sorgen mache ich mir nicht.

Tags darauf sollte sich zeigen, dass diese Männer und Frauen Recht gehabt hatten. Die Aktien erholten sich wieder. Innerhalb weniger Tage notierten die Kurse sogar über den Werten, die vor der »Krise« zu verzeichnen waren.

Und was sagten die Fondsmanager zu der Währungskrise, die sie noch am Vortag zu Panikverkäufen getrieben hatte? »Nun ja, sieht wohl wieder besser aus.«

Und die Moral von der Geschichte: Sie können ebenso klug investieren wie jeder Profi, womöglich sogar klüger. Warum? Für die Angst der Händler gab es einen guten Grund: Wer für einen Investmentfonds Geld verwaltet, dessen Gewinne oder Verluste stehen am nächsten Morgen in der Zeitung. Geht etwas daneben, weiß es am Folgetag die ganze Welt. Und das ist peinlich. Außerdem ist das Einkommen eines Geldmanagers meist an den aufs Jahr berechneten Portfolio-Ertrag gekoppelt – entweder im Vergleich zum Gesamtmarkt oder zu den Portfolios verschiedener anderer Fondsmanager. Da will niemand gern der Trottel sein, der als Letzter auf einer Verlust bringenden Aktie sitzen bleibt.

Sie dagegen können sich ruhig zum Trottel machen, denn der Einzige, der davon erfahren wird, ist vielleicht Ihr Partner. Sie haben Zeit zum Nachdenken. Sie können sich in Ruhe überlegen, ob eine Investition tatsächlich ein Fehlkauf war oder vielleicht nur mehr Zeit braucht, bis die gewünschte Entwicklung einsetzt.

Nur wenige Menschen treffen in der Hitze des Gefechts die richtige Entscheidung. Am besten atmet man tief durch, wenn es zur Katastrophe kommt und man ein »heißes Eisen« im Depot hat, und denkt ruhig nach.

Worüber Sie nachdenken sollten? Nun, genau davon handelt dieses Buch. Es will Ihnen helfen, verschiedene Anlageformen in unterschiedlichen Märkten einzuschätzen – und mit welchen Investitionen Sie in guten und in schlechten Zeiten richtig liegen. Es wird Ihnen auch sagen, wann Sie besser selbst investieren und wann Sie Ihr Geld lieber einem Profi anvertrauen. Und mit diesem Wissen sind Sie auch für finanzielle Krisenzeiten bestens gewappnet.

Am wichtigsten ist aber, dass Sie mit kühlem Kopf und sachlich an die Sache herangehen. Vergessen Sie nie, dass die Höhe Ihres Vermögens nicht das Wichtigste in Ihrem Leben ist.

Lesen Sie also. Lernen Sie und haben Sie Spaß daran. Und bitte – tun Sie mir einen Gefallen: Versprechen Sie mir, dass Sie Ihrer Familie und Ihren Freunden stets mehr Zeit widmen als Ihrem Portfolio. Glauben Sie mir, es bringt Ihnen nichts, wenn Sie zehn Millionen Dollar besitzen, aber keinen Menschen kennen, der Ihnen so nahe steht, dass Sie ihm das ganze Geld hinterlassen möchten, wenn Sie einmal sterben.

Kapitel 1

Der innere Schweinehund

Dieses Buch zeigt Ihnen, wie Sie Ihr Geld klug anlegen können – einfach und klar. Folgen Sie Schritt für Schritt den Empfehlungen. Sie werden feststellen, wie leicht das geht.

Doch wenn Sie – wie so viele Menschen – sich im Laufe der Zeit ein, zwei schlechte Angewohnheiten zugelegt haben, ist es manchmal schwer, selbst vollkommen schlüssigen Anweisungen zu folgen. Wir alle haben hier mit dem inneren Schweinehund zu kämpfen, jenen kleinen psychologischen Hemmnissen, die uns selbst von an sich logischen, vernünftigen und klugen Dingen abhalten.

Manche dieser Hemmnisse gehen auf unsere Erziehung oder unsere Kultur zurück. Andere sind geschlechtsspezifisch und treffen nur auf Männer oder nur auf Frauen zu. Doch woher sie auch kommen, wir müssen sie auf jeden Fall überwinden, wenn wir so investieren wollen, dass wir letztlich mehr Erfolge zu feiern als Misserfolge zu beklagen haben.

Ich bin keine Psychologin. Erwarten Sie bitte nicht, dass Ihnen der Erwerb dieses Buches jahrelange Sitzungen beim Therapeuten erspart. Ich kann nicht wissen, welcher Komplex, welches Syndrom oder welche Schwachstelle Ihr persönliches Problem ist. Doch im Einklang mit der Redensart »Gefahr erkannt, Gefahr gebannt« kann ich Ihnen einige Probleme schildern, die mir im Laufe der Jahre häufiger begegnet sind. Ich kann beschreiben, welchen Typus Mensch sie bevorzugt heimsuchen, und ich kann ein paar einfache Tricks und Kniffe anbieten, um damit fertig zu werden.

Frauen

Generell beschäftigen sich Frauen später mit dem Thema Geldanlage als Männer. Sie investieren seltener, und wenn, dann eher konservativ. Deswegen haben sie im Alter oft wenig Geld zur Verfügung. Rund 80 Prozent aller alten Menschen, die in Armut leben, sind Frauen. Woran liegt das?

Das arme Mädchen

»Ich würde ja gern etwas investieren, aber mir fehlt das Geld dazu«, sagt die perfekt gestylte Fünfundzwanzigjährige und schlägt auf dem Parkplatz des Einkaufszentrums die Tür ihres BMWs zu. »Sobald ich mehr verdiene, fange ich an.«

Zugegeben, das ist ein bisschen dick aufgetragen. Außerdem wissen wir ja alle, dass Frauen im Schnitt tatsächlich weniger verdienen als Männer. Natürlich fällt es bei höherem Einkommen leichter, Geld beiseite zu legen. Aber das Leben ist eben nicht immer fair. Besser, sich damit abzufinden und das Beste aus dem zu machen, was man hat.

Seien Sie doch einmal ehrlich mit sich selbst und beantworten Sie folgende Frage: Wann haben Sie zum letzten Mal in einem Lokal gegessen, statt sich etwas einzupacken oder selbst zu kochen? Wann haben Sie sich zum letzten Mal ein Kostüm, einen Pulli, einen Rock oder irgendetwas anderes geleistet, das nicht unbedingt nötig war? (Sagen Sie jetzt nicht »noch nie«, denn dann frage ich Sie, was Ihrer Meinung nach *nötig* ist. Wollten Sie das Kleidungsstück, weil Sie Spaß daran haben? Oder weil es ein Schnäppchen war und Sie es vielleicht gut gebrauchen können, bevor sich wieder so eine Gelegenheit ergibt?)

Wenn Sie einen Beruf haben, in dem Sie anständig verdienen – und anständig ist alles, was über der Armutsgrenze liegt –, dann können Sie auch investieren. Wenn Sie nur 2 Euro am Tag sparen – sich die eine oder andere Tasse Kaffee verkneifen oder die Dose Cola im Automaten lassen –, dann haben Sie schon über 50 Euro im Monat übrig. Und das ist genug, um es regelmäßig in einen Fonds einzuzahlen.

Glauben Sie immer noch, dass Sie wirklich zu wenig Geld haben? Dann empfehle ich Folgendes: Besorgen Sie sich ein Notizbuch, das Sie immer bei sich tragen. Notieren Sie darin jede Ausgabe, von den 2 Euro für den Kaffee bis zu den 50 Euro an der Tankstelle. Überprüfen Sie Ihre Aufzeichnungen am Monatsende und rechnen Sie zusammen, was nicht unbedingt nötig war. Beschließen Sie, die Hälfte dieses Betrages (oder ein Viertel, wenn Ihnen die Hälfte zu hoch erscheint) zu streichen. Die Summe, die Sie damit sparen, ist Ihr Investitionskapital. Voilà.

Die Frustkäuferin

Apropos Einkaufen – gehören Sie auch zu den Frauen, die einkaufen gehen, wenn sie sich mit ihrem Chef oder ihrem Partner gestritten haben? »Brauchen« Sie einen Einkaufsbummel, wenn Sie sich schlecht fühlen? Als Aufmunterung?

Das Üble daran ist, dass Sie damit schneller in die roten Zahlen geraten als in gute Stimmung. Sie manövrieren sich in einen Teufelskreis: Wenn Sie Schulden haben, müssen Sie mehr arbeiten und Überstunden machen, um sie zu begleichen, und das wird Sie noch mehr deprimieren.

Geben Sie lieber kein Geld aus, wenn Sie mit Ihrem Chef oder Ihrem Partner nicht klarkommen. Sparen Sie stattdessen. Langfristig gewinnen Sie dadurch das befriedigende Gefühl finanzieller Unabhängigkeit. Geht Ihnen dann jemand auf die Nerven, können Sie ihn bedenkenlos zum Teufel jagen.

Ach, Einkaufen macht Sie wirklich glücklich? Na gut, dann kaufen Sie ruhig ein. Aber lassen Sie Ihre Kreditkarte zu Hause. Einkaufen kann ein netter Zeitvertreib sein, aber Schulden machen arm.

Die Märtyrerin

»Wie soll ich für mich Geld zurücklegen, wo Peter ein neues Fußballtrikot braucht und Susi Klavierunterricht bekommen soll?«, jammert sie. Oh Schreck, die Krawatte ihres Herzallerliebsten hat einen Fettfleck. Bestimmt fühlt er sich viel wohler und wird mehr Erfolg im Beruf haben, wenn sie sich nur genug abknapst, um ihn edel einzukleiden.

Sicher, ab und zu dürfen Sie mal an sich denken, das wissen Sie. Aber wie soll das gehen, wenn Sie alle Hände voll zu tun haben, sich um die Familie zu kümmern? Irgendjemand muss das schließlich tun, und sonst hat sich noch niemand freiwillig gemeldet. Also müssen Ihre Bedürfnisse zurückstehen, heute, morgen und für immer – bis die der anderen Familienmitglieder gestillt sind. Stimmt 's?

Sie sollten eins bedenken: Wenn Sie stark sind, und das heißt auch: finanziell stark, dann können Sie Ihre Familie viel besser unterstützen. Deshalb sollten gerade junge Mütter die langfristige Geldanlage mit den drückenden Alltagsausgaben vereinbaren, die ein Haushalt mit Kindern mit sich bringt.

Setzen Sie Prioritäten. Ihre Altersvorsorge gehört unbedingt dazu. Wenn Sie arbeiten und die Möglichkeit haben, sich zusätzlich zur gesetzlichen Rentenversicherung eine Betriebsrente zu sichern, lassen Sie sich die Chance nicht entgehen. Haben Sie diese Möglichkeit nicht, sollten Sie auf jeden Fall regelmäßig feste Beträge in einen Fonds einzahlen (siehe Kapitel 8). Selbst wenn es nur 50 Euro im Monat sind, so haben Sie damit doch etwas für sich und Ihre finanzielle Unabhängigkeit getan. Und das schulden Sie sich und Ihren Kindern.

Die Prinzessin

Warum sollten Sie sparen und Ihr Geld anlegen, wo sich doch bisher immer jemand gefunden hat, der für Sie aufkommt? Erst der Vater, dann der Ehemann. Beide sind liebevoll, spendabel und umsichtig, kurz: ideale Versorger.

Was aber, wenn sie vor Ihnen sterben? Frauen haben nun einmal die höhere Lebenserwartung.

Und dann ist da noch der bedenkliche Umstand, dass die Hälfte aller Ehen vor dem Scheidungsrichter endet. Ist Ihr Unterhalt gesichert für den Todes- oder Trennungsfall? Rund 90 Prozent aller Frauen sind früher oder später finanziell auf sich selbst gestellt. Denken Sie darüber nach.

Befassen Sie sich dann mit den unbegrenzten Möglichkeiten der Geldanlage. Wagen Sie die ersten Schritte, indem Sie sich einem Investment-Club anschließen (Informationen dazu im Internet unter www.investmentclub.de) oder einen Dauerauftrag für einen Sparplan einrichten.

Männer

Zwar haben Männer normalerweise mehr Geld als Frauen, doch begehen sie häufig erstaunliche Fehler. Manche investieren zu aggressiv, andere überlegen zu lange und handeln dann entgegen ihrer ursprünglichen Überzeugung. Einige agieren so sachbezogen, dass sie vergessen, wozu Geld eigentlich da ist. Im Grunde lassen sich die meisten der typisch männlichen Probleme auf einen Gedanken zurückführen: Es ist ein Spiel, das ich gewinnen muss, ob aus sportlichem Ehrgeiz oder der Gewinne wegen. Diese Denkweise bringt folgende Anlegertypen hervor.

Der wirklichkeitsfremde Pessimist

Sie gehen auf eine Party und kommen mit einem Mann ins Gespräch. Er trägt einen teuren Anzug, wirkt selbstsicher und erzählt Ihnen von seinen Erfolgen an der Börse. »Oh, mit Amazon habe ich meinen Einsatz in drei Monaten verdoppelt«, prahlt er. »Dann habe ich mir diese Billigaktie zugelegt, und bums! hat sich der Kurs verdreifacht!«

Da stehen Sie kleinlaut und wundern sich, wieso es bei Ihnen nicht so läuft. Sie stecken Ihr Geld in Unternehmen mit solidem Hintergrund, ordentlichen Gewinnen, guten Umsätzen und angeblich fähigen Managern, und was bringt das? »Mickrige 10 bis 15 Prozent im Jahr«, hadern Sie. »Was bin ich bloß für ein Versager? Warum habe ich die Chance nicht gesehen?«, denken Sie und stellen Ihre gesamte Anlagestrategie in Frage. Ja, mehr wie *der* müsste man sein ... mehr wie der Typ von der Party.

Sie fahren nach Hause und ordern die Aktie, von der er gesprochen hat. Vielleicht stoßen Sie gleich noch ein paar Ihrer unspektakulären Werte und Fondsanteile ab. Und wenn Sie dann mit dem Wunderpapier Geld verlieren, machen Sie sich wieder Vorwürfe. Sie sind eben nicht vom Erfolg verwöhnt wie der Typ neulich.

Der hat Ihnen selbstredend verschwiegen, dass er zwei Wochen davor ganz schön in der Bredouille war, weil sich der Wert seines Portfolios halbiert hatte und er nicht wusste, wie er die Rate für das Haus bezahlen sollte. Wieso er davon nichts erzählt hat? Nun, das Thema gehört doch nicht auf eine Party, oder?

Denken Sie immer daran: Wer über Nacht ein Vermögen gewinnt, der kann es genauso schnell wieder verlieren. Auf den Finanzmärkten ist die Höhe des möglichen Gewinns normalerweise direkt proportional zur Höhe des Risikos.

Haben Sie eine vernünftige Anlagestrategie entwickelt, dann bleiben Sie dabei. Lassen Sie sich nicht von großspurigem Gerede beirren.

Der wirklichkeitsfremde Optimist

Sie haben eine Aktie gekauft und auf einen Anstieg auf 50 Euro spekuliert. Doch siehe da, sie klettert auf 65 Euro. Ihrer Marktkenntnis nach ist das ein unglaublich hoher Kurs. Das Kurs-Gewinn-Verhältnis (siehe Kapitel 5) war nie so hoch, und Sie können sich gar nicht erklären, wie das kam. Und doch – wenn die Aktie die 65-Euro-Marke schafft, sind vielleicht auch 70 Euro drin, oder? Vielleicht sollten Sie noch ein klein wenig investiert bleiben.

Natürlich könnte die Aktie weiter steigen. Der Kurs könnte aber genauso gut ins Bodenlose stürzen. Jedes Mal, wenn Sie eine Aktie ins

Depot nehmen, sollten Sie sich einen Zielkurs setzen, bei dem Sie den Gewinn entweder realisieren oder das Kurspotenzial neu bewerten und dann entscheiden, ob Sie sie halten wollen (siehe Kapitel 6). Lassen Sie sich in Geldgeschäften nie von Gefühlen leiten wie Angst, Gier oder Hoffnung.

Die Finanzmärkte gehorchen nicht zuletzt den Gesetzen der Mathematik. Rechnen Sie also. Bewerten Sie. Freunden Sie sich mit der Vorstellung an, dass Sie nie zum Höchstkurs verkaufen werden.

Der Vogel Strauß

Verlust macht man erst beim Verkauf. Sicher, der Kurs ist gefallen, aber solange Sie nicht verkaufen, bleibt die Hoffnung, dass das Unternehmen – und damit die Aktie – die Kurve kriegt und Sie Ihren Erfolg beim nächsten Small Talk ausschlachten können. Aus diesem Grund hält Mann so manchen Verlust bringenden Titel, bis er nur noch Papierwert hat.

Bewerten Sie Ihre Aktien einmal im Jahr. Entscheiden Sie rational, welche Aktien Sie kaufen, halten oder verkaufen wollen. Wenn Sie zu dem Schluss kommen, dass eine Aktie zum aktuellen Zeitpunkt nicht attraktiv ist und der Markt Besseres zu bieten hat, stoßen Sie sie ab, selbst wenn Sie steuerliche Nachteile befürchten. Andernfalls kostet Sie der Spaß unter Umständen mehr Geld – und Ihren Nachtschlaf obendrein.

Der Heimwerker

Den Tipp haben Sie aus Ihrer Hobbysendung. Sie kaufen, und ob es sich dabei um einen Rasenmäher handelt oder um eine Aktie, es klappt. Sie sind sich aber ganz sicher, dass das Objekt mit ein paar Handgriffen noch viel besser funktionieren würde.

Wenn die paar Handgriffe dem Rasenmäher nicht bekommen, müssen Sie sich schlimmstenfalls einen neuen kaufen. Wenn es um

Ihr Portfolio geht, steht mehr auf dem Spiel. Gerade jetzt, wo man die Kurse im Internet verfolgen und schon mit ein paar Euro einsteigen kann, ist es besonders schwer, die Finger davon zu lassen.

Der Bastlertyp neigt dazu, Aktien abzustoßen, sobald sich ein kleiner Gewinn abzeichnet. »Sicher ist sicher«, sagt er sich. Steigt der Titel weiter, verpasst er interessante Chancen. Verkauft er innerhalb der Spekulationsfrist, werden unter Umständen nicht nur Gebühren, sondern auch Kapitalertragsteuer fällig (siehe Kapitel 11).

Der Überzeugungstäter

Manche Aktien werden als »Story Stocks« bezeichnet – als Sensationswerte sozusagen. Dahinter stehen Unternehmen, die anstelle von soliden Umsatz- und Gewinnzahlen mit einer spektakulären Geschichte aufwarten und eine große Zukunft versprechen. Nur allzu leicht lässt man sich von der Vorstellung mitreißen, dass dieses siebenundzwanzigjährige Genie ein neuer Bill Gates wird und man ordentlich Kasse machen könnte. Früher oder später aber müssen die Zahlen stimmen. Halten sie nicht, was die Story versprach, dann sollte man überlegen, ob die Aktie im Depot bleiben soll – ungeachtet des Vertrauens in das inzwischen achtundzwanzigjährige Genie.

Wie das geht? Zugegeben, leicht ist es nicht. Doch wer die Dinge einfach laufen lässt, ohne auf die Geschäftszahlen zu achten, verhält sich wie ein Autofahrer, der lieber in die falsche Richtung fährt, statt anzuhalten und nach dem Weg zu fragen. Wenn Sie nicht wissen, wie Sie eine Story-Aktie bewerten sollen, holen Sie Informationen über die Branche ein. Lesen Sie, was Sie in die Finger bekommen. Fragen Sie Fachleute. Lesen Sie Kapitel 5: Dort finden Sie Survival-Tipps für Wirtschaftszweige, in denen jede Menge Seemannsgarn gesponnen wird – und das gilt vor allem für Technologiewerte.

Der Pfennigfuchser

Sie investieren jeden Cent, den Sie erübrigen können, selbst wenn er vom Munde abgespart ist. Dank Ihrer Anspruchslosigkeit haben Sie ein sattes Finanzpolster. Ihrer Meinung nach ist das jedoch nicht genug. Es ist nie genug. Also schieben Sie Überstunden, verzichten auf Urlaub und drängen Ihre Partnerin, es Ihnen gleichzutun. Ihr Vermögen wächst, und Sie werden alt darüber.

Bevor Sie wieder einen Urlaub oder ein Baseballspiel ausfallen lassen, sollten Sie sich fragen, wozu Sie das viele Geld brauchen. Was ist Ihnen wichtig im Leben? Haben Sie genug gespart, um sich diese Dinge leisten zu können? (Diese Frage können Sie beantworten, indem Sie die Arbeitsblätter in Kapitel 3 ausfüllen.) Oder ist das Sparen längst zum Selbstzweck geworden? Wenn Letzteres zutrifft, sollten Sie einen Gang zurückschalten und Ihre Handlungsweise überdenken.

Viele Männer – zu viele – schuften bis zum Magengeschwür, zum Herzinfarkt oder zur Scheidung. Sie arbeiten für etwas, das sie schon längst besitzen, aber vor lauter Arbeit nie bemerkt haben. Rechnen Sie aus, wie viel Geld Sie für Ihre persönlichen Ziele brauchen. Stellen Sie fest, wie nah Sie schon dran sind. Sobald Sie genug Geld haben, sollten Sie sich entspannen. Genießen Sie das Leben. Verbringen Sie Zeit mit der Familie oder mit Freunden statt über Ihrem Portfolio. Genau dafür haben Sie doch gespart.

Der Frauenheld

Sie gehören eigentlich zur Kategorie der Pfennigfuchser und wissen, dass Ihre erste Ehe vermutlich daran gescheitert ist. Doch Sie wissen auch, dass Ihr finanzielles Ruhekissen der Grund ist, warum sich gewisse attraktive junge Frauen für Sie interessieren. Dieses Interesse möchten Sie sich erhalten, damit dieses wunderbare, zwanzig Jahre jüngere Geschöpf Ihre Frau wird und sich den Dreikaräter und einen Porsche schenken lässt.

Sie kommen abends nach Hause und bewundern ihr seidiges Haar, ihre manikürten Nägel, ihre vollendete Figur. Wenn Sie mit ihr auf eine Party gehen, werden Sie beneidet, und das wissen Sie. Sie lieben es, wie sie Ihnen kommentarlos zuhört, wenn Sie von Ihren jüngsten geschäftlichen Erfolgen berichten. Und wenn Sie ihr eine Frage stellen, schürzt sie so unwiderstehlich die Lippen, bevor sie »Hm?« sagt.

Über alldem sollten Sie ein paar grundlegende Eigenheiten solcher Frauen nicht vergessen: Mögen Sie auch doppelt so viel von Geschäften und Geldanlage verstehen – wenn es um die gesetzlich geregelte Gütergemeinschaft geht, kennt sich Ihre Herzensdame um Längen besser aus.

Kapitel 2

Risiko und Rendite

Jeder Finanzberater kennt Menschen, die aus Angst vor den Risiken nie Geld in Aktien investieren würden – Witwen etwa, die befürchten, bei einem Crash alles zu verlieren. Oder junge Paare, die vom eigenen Häuschen träumen und nicht gewillt sind, sich ihre Aussichten von unvorhersehbaren Kursverlusten ruinieren zu lassen. Und natürlich all jene, die nicht so enden wollen wie ihre Eltern oder Großeltern beim Börsenkrach von 1929.

Derartige Ängste wurzeln oft in einem falschen Verständnis von den Risiken der Finanzmärkte. Wer die Marktrisiken kennt – und seine eigene Risikotoleranz korrekt einschätzt –, kann sein Vermögen mehren, wenn er ein gewisses Maß an Unsicherheit akzeptiert.

Das Wesen der Marktrisiken

James P. King, Finanzberater aus Walnut Creek, Kalifornien, illustriert die Marktrisiken gern mit einem Rätsel: Angenommen, Ihnen stehen zwei Anlagemöglichkeiten offen. Bei der ersten ist der Verlust garantiert: Wenn Sie 1 000 Dollar investieren, werden Sie 1 000 Dollar verlieren. Die andere bringt Ihnen bei einem Anlagebetrag von 1 000 Dollar Auszahlungen zwischen 0 und 5 000 Dollar. Welche Investition ist die riskantere?

Viele tippen spontan auf die erste Variante, weil das Einsatzkapital auf jeden Fall verloren geht. Ein Profi würde jedoch sagen, eine solche Anlage wäre zwar völliger Unsinn, aber nicht riskant. Die Höhe des Verlustes steht ja von vornherein fest.

In der Finanzwelt steht Risiko für Unsicherheit. »Gemessen wird es in Standardabweichungen von der Norm«, sagt James E. Andelman, Berater bei Ibbotson Associates, einer Marktforschungs- und Beratungsfirma mit Sitz in Chicago. James P. King formuliert den Sachverhalt so: »Für die meisten Menschen bedeutet Risiko die Möglichkeit eines Verlustes, für uns dagegen die Spanne, innerhalb deren sich die Rendite bewegen kann.«

Bei einem Markt, in dem Risiko und Rendite eng miteinander verknüpft sind, ist das eine wichtige Unterscheidung. Aktien gelten als riskant, weil ihre Kurse – zuweilen sehr stark – schwanken. Im schlimmsten Börsenjahr haben die Aktien amerikanischer Großunternehmen 43,3 Prozent eingebüßt, im besten Jahr sind sie um 53,9 Prozent gestiegen. Doch trotz heftiger Kursausschläge stehen die Chancen langfristig betrachtet gut.

Nichts verdeutlicht diesen Umstand besser als die von Ibbotson Associates erstellte Tabelle zur Bandbreite der Erträge – und der Gesamterträge – von 1926 bis einschließlich 1998. Das Ergebnis in Kurzfassung: Die Erträge auf Aktien kleinerer Unternehmen – deren Kurse volatiler sind, das heißt stärker schwanken als die von Großunternehmen – variierten bis zu 78 Prozent innerhalb von zehn Jahren, während die Rendite von Schatzwechseln lediglich um 1 Prozent schwankte. Doch weil ein Schatzwechsel mehr oder weniger sichere Erträge bringt – die Abweichungen sind minimal –, ist der Gewinn mager.

Der folgende Vergleich konkretisiert diesen Befund: Hätten Sie 1926 einen Dollar in den amerikanischen Aktienmarkt investiert und bis 1998 stehen lassen, dann hätten Sie ein paar wüste Kapriolen mitgemacht – unter anderem die Weltwirtschaftskrise 1929 und den Minicrash von 1987. Laut Ibbotson verzeichneten die Aktien von Großunternehmen in 20 der 73 Betrachtungsjahre Wertminderungen. Sie hätten aber auch fette Jahre erlebt, Jahre mit spektakulären Kursgewinnen. Ihr Dollar wäre am Ende auf beachtliche 2 350,89 Dollar angewachsen.

Hätten Sie den Dollar stattdessen 1926 in US-Schatzwechsel investiert, hätten Sie nur ein schlechtes Jahr erlebt mit Verlusten, die kaum erwähnenswert sind. Die übrigen 72 Jahre hätte Ihre Anlage stetig an Wert zugelegt. Da sich die durchschnittliche Jahresrendite jedoch auf kümmerliche 3,7 Prozent belief, wäre Ihr Dollar Ende 1998 lediglich 14,94 Dollar wert gewesen. Rechnet man Inflationsrate und Einkommensteuer hinzu, erinnern die Schatzwechsel doch stark an die erste Anlageform aus unserem Eingangsrätsel.

Jede Anlage birgt Risiken. Das Risiko für das Einsatzkapital – das Risiko, einen Teil oder das ganze investierte Geld zu verlieren – ist selbst dem unerfahrensten Anleger bekannt. Aber auch scheinbar sichere Instrumente sind mit Risiken verbunden. Finanzierungsschätze etwa beinhalten das so genannte Zinsänderungsrisiko, das heißt, wenn die Zinsen steigen, sinkt der Marktwert der zuvor emittierten, niedriger verzinsten Papieren. Sparkonten, Einlagenzertifikate und Finanzierungsschätze sind dem Inflationsrisiko ausgesetzt, also der Gefahr, dass der Ertrag geringer ausfällt als die Inflationsrate und das angelegte Geld unter dem Strich an Kaufkraft verliert.

Es gibt aber noch einen Grund, weshalb Aktien gemeinhin als besonders riskant gelten: Man kann nie wissen, wann der Aktienmarkt einbricht. »Was, wenn die Kurse gerade dann im Keller sind, wenn ich verkaufen muss?«, fragt der risikoscheue Anleger und denkt sofort, dann seien all seine Pläne Makulatur und seine finanzielle Situation desaströs. Falsch gedacht! Die richtige Antwort auf diese Frage wird Sie vielleicht erstaunen. Es ist in der Geschichte nur ganz selten vorgekommen, dass Aktien im Vergleich schlechter abgeschnitten haben – vorausgesetzt, man hat über mehrere Jahre hinweg investiert.

Betrachtungen zur Rendite

Bedenken Sie: In den vergangenen 73 Jahren betrug die durchschnittliche jährliche Rendite von Aktien amerikanischer Großunternehmen – so genannte Blue Chips – über 11 Prozent. Langfristige US-

Regierungsanleihen rentierten im gleichen Zeitraum mit gut 5 Prozent. Was wäre also passiert, wenn Sie Ihr Geld zehn Jahre lang unter vergleichbaren Bedingungen in Aktien investieren würden und dann das Pech hätten, genau auf dem Tiefpunkt auszusteigen? Vermutlich stünden Sie immer noch besser da als jemand, der denselben Betrag in Anleihen investiert und regelmäßig seine 5 Prozent einstreicht.

Wie viel besser? Nun, wenn Sie 1000 Euro zehn Jahre lang zu 11 Prozent im Jahr angelegen, würden Sie 2989 Euro herausbekommen. Selbst wenn Sie dann bei einem Einbruch der Kurse um 30 Prozent verkaufen müssen – mit einem Verlust von 897 Euro –, blieben Ihnen 2092 Euro, bei einem Verlust von 40 Prozent noch 1793 Euro.

Hätten Sie denselben Betrag in Anleihen oder Einlagenzertifikate gesteckt und stattdessen im Durchschnitt 5 Prozent Jahresrendite erwirtschaftet, stünden Sie nach zehn Jahren mit 1647 Euro da – um einiges weniger, als Ihr Aktien-Portfolio selbst nach dem Crash noch wert wäre. Kurz: Aktien sind dank der höheren Durchschnittsrendite langfristig deutlich überlegen, selbst wenn man größere Verluste einkalkuliert, zumal Verluste in dieser Größenordnung – 30 oder 40 Prozent – selten sind. Es ist bisher in der Geschichte erst zweimal vorgekommen, dass Aktien von US-Großunternehmen in einem einzigen Jahr so viel an Wert verloren haben – 1931 und 1937. Abgesehen von der großen Depression haben die Blue Chips ihre schlimmsten Zeiten Anfang der siebziger Jahre erlebt. 1973 gaben die Kurse um 14,66 Prozent nach, 1974 noch einmal um 26,47 Prozent. Danach ging es mit Kursgewinnen von 37,2 Prozent im Jahr 1975 und 23,84 Prozent im Folgejahr wieder aufwärts.

Langfristig liefert der Aktienmarkt also ein stabiles Bild: Zwanzig Verlustperioden bei einjähriger Betrachtung stehen nur zwei Zehnjahresperioden mit rückläufigen Entwicklungen gegenüber, die noch dazu beide in die Zeit der Weltwirtschaftskrise fallen.

Diese Statistiken beziehen sich jedoch auf den Markt als Ganzes, nicht auf Einzelwerte. Hier kann es natürlich passieren, dass eine Aktie 30 oder 40 Prozent verliert, weil das fragliche Unternehmen in die Krise gerät. Und Ihr Portfolio erholt sich natürlich nur dann, wenn sich das Unternehmen wieder erholt. Aus diesem Grund sollte man nie sein gesamtes Einsatzkapital in ein oder zwei Unternehmen investieren. Diversifizieren Sie, indem Sie Anteilscheine verschiedener Unternehmen kaufen. Ein breit gestreutes Depot birgt weniger Risiken. (Mehr dazu in Kapitel 4.)

Demnach gibt es eigentlich nur eine Situation, in der Sie nicht in einen breit gestreuten Korb von Aktien investieren sollten: Wenn Sie nicht die Zeit haben, den Markt für Sie arbeiten zu lassen. Das Risiko, in einem bestimmten Jahr einen Verlust an der Börse zu erleiden, beträgt eins zu vier. Wollen Sie Ihr Geld nur für wenige Jahre anlegen, sind Aktien ein Glücksspiel – keine kluge Wahl, wenn Sie auf das Geld angewiesen sind.

Denken Sie dagegen an einen Anlagezeitraum von fünf, zehn oder mehr Jahren – was praktisch immer zutrifft, wenn es um die Altersvorsorge geht –, dann stehen die Chancen gut, dass Sie die Gesamtrendite Ihres Portfolios durch die Anlage eines Teilbetrages in Aktien positiv beeinflussen können. Sie kennen ja das Sprichwort: »Wer nichts wagt, der nichts gewinnt.«

Die nackten Tatsachen zur Spannweite von Investitionserträgen

Wie stark variiert der Aktienertrag in einem Betrachtungsjahr? Wie groß ist die Wahrscheinlichkeit eines Kapitalverlustes innerhalb eines Jahres? Wie hoch kann dieser Verlust schlimmstenfalls sein? Hier ein paar statistische Zahlen, die Ihnen zeigen, wie sich die verschiedenen Anlageformen in den von Ibbotson Associates, Chicago, untersuchten 73 Jahren entwickelt haben. Die Tabelle listet die Anlageform, die Durchschnittsrendite, den maximalen Verlust in Prozent sowie die Zahl der Verlustjahre im Verhältnis zur Gesamtzahl der untersuchten Jahre auf.

Anlageform	Durchschnittliche Jahresrendite	Niedrigste Jahresrendite	Zahl der Verlustjahre	Gesamtzeitraum
Aktien von US-Kleinunternehmen	12,41 %	–58,01 %	22/73	= 30,14 %
Aktien von US-Großunternehmen	11,22 %	–43,34 %	20/73	= 27,39 %
Langfristige Industrieanleihen	5,80 %	8,09 %	16/73	= 21,92 %
30-jährige Staatsanleihen	5,33 %	–9,18 %	20/73	= 27,39 %
Mittelfristige Schatzanweisungen	5,32 %	–5,14 %	7/73	= 9,59 %
30-tägige Schatzwechsel	3,77 %	–0,02 %	1/73	= 1,37 %
Internationale Aktien*	12,75 %	–23,19 %	7/28	= 25,00 %

*Nach dem MSCI EAFE-Index, der die Kurse internationaler Aktien seit 1970 aufzeichnet

Wie viel Investitionsrisiko können Sie verkraften?

Möchten Sie Ihre Risikobereitschaft schwarz auf weiß sehen? Hier finden Sie einen Test, der viele Fragen zu Ihrer persönlichen Risikobereitschaft und Ihrer Anlagestrategie anspricht.

Test
Wie viel Risiko verkraften Sie?

1

Mein Alter liegt zwischen

a 20 und 35
b 36 und 45
c 46 und 55
d 56 und 65
e 66 und 99

2

Ich rechne damit, dass ich

a meinen jetzigen Arbeitsplatz behalte, bis mir ein besser bezahlter angeboten wird, was in meiner Branche durchaus wahrscheinlich ist.
b bis zum Ruhestand für meine jetzige Firma arbeiten werde, beziehungsweise ohne Probleme einen mindestens ebenbürtigen Job in einem anderen Unternehmen finden werde.
c so lange wie möglich hier arbeiten werde, denn ich habe keine besseren Aussichten.
d bald die Stelle wechseln muss, ohne Aussicht auf einen ebenbürtigen Arbeitsplatz.
e von Arbeitslosigkeit bedroht sein könnte, beziehungsweise ich bin arbeitslos.

3

In den nächsten fünf bis zehn Jahren wird mein Gehalt und mein gesamtes Einkommen

a vermutlich deutlich wachsen.
b allmählich steigen – zumindest so stark wie die Inflationsrate.
c stabil bleiben.
d möglicherweise ein wenig sinken.
e deutlich sinken.

4

Ich bin verheiratet oder lebe in einer eheähnlichen Gemeinschaft. Mein Partner/meine Partnerin

a ... Moment mal! Das hat noch Zeit. Ich bin nur für mich selbst verantwortlich.
b verdient mehr oder so viel wie ich. Wir machen gemeinsame Kasse.
c verdient ganz gut.
d hat geringes Einkommen.
e hat kein eigenes Einkommen.

5

Wir (ich)

a haben nie so viel gebraucht, wie wir verdienen. So konnten wir jedes Jahr mindestens 20 Prozent unseres Einkommens zurücklegen.
b haben nie über unsere Verhältnisse gelebt. Wir sparen fast 10 Prozent unserer Einkünfte.
c haben stets unser Auskommen gehabt. Von dem, was wir verdienen, konnten wir aber nie viel zurücklegen.
d sind gerade so zurechtgekommen. Wir brauchen jeden Pfennig, und hie und da machen wir auch mal Schulden.
e leben auf Kredit.

6

So viele Menschen sind finanziell von mir abhängig:

a keiner
b einer
c zwei
d drei
e vier oder mehr

7

So viele Arbeitsjahre habe ich erwartungsgemäß bis zum Ruhestand noch vor mir:

a 25 oder mehr
b 15 bis 24

c fünf bis 14
d weniger als fünf
e keines – ich bin bereits Rentner

8

Mein Nettovermögen (Vermögenswerte abzüglich aller Schulden) beläuft sich auf

a über 300 000 Euro
b 125 000 bis 300 000 Euro
c 50 000 bis 125 000 Euro
d 12 500 bis 50 000 Euro
e weniger als 12 500 Euro

9

Als Notgroschen kann ich sofort zurückgreifen auf

a ein Jahreseinkommen
b mehr als sechs Monatseinkommen
c ein bis zwei Monatseinkommen
d ein paar hundert Euro
e Machen Sie Witze?

10

Ich (wir) haben Lebensversicherungen abgeschlossen, die

a meine Familie finanziell mehr als ausreichend absichern, falls mir oder meinem Partner etwas zustößt.
b meiner Ansicht nach meine Familie finanziell ausreichend absichern, falls mir oder meinem Partner etwas zustößt.
c wohl gerade die Hypothek abdecken.
d ein, zwei Jahre die Existenz sichern würden.
e nicht ausreichend (oder nicht vorhanden) sind.

11

Ich (wir) haben eine Berufsunfähigkeitsversicherung, die

a meine Familie finanziell mehr als ausreichend absichert, falls ich oder mein Partner den Beruf gesundheitsbedingt nicht mehr ausüben kann.

b meine Familie finanziell ausreichend absichert, falls ich oder mein Partner den Beruf gesundheitsbedingt nicht mehr ausüben kann.
c meine Familie finanziell einigermaßen absichert, falls ich oder mein Partner den Beruf gesundheitsbedingt nicht mehr ausüben kann.
d meine Familie finanziell notdürftig absichert, falls ich oder mein Partner den Beruf gesundheitsbedingt nicht mehr ausüben kann.
e ... Berufsunfähigkeitsversicherung? Was ist das?

12

Ich schätze, als Aktieninvestor würde ich mich folgendermaßen verhalten:

a Ich überlege mir, wofür ich das Geld verwenden will, und lasse es dann mit einem guten Gefühl liegen, bis ich es für diesen speziellen Zweck brauche. Daher kümmere ich mich oft monatelang nicht um das Marktgeschehen.
b Ich analysiere, was ich warum kaufen will. Normalerweise halte ich mich dann an meine Strategie. Dabei möchte ich aber regelmäßig – möglichst täglich – über das Marktgeschehen informiert sein, damit ich überprüfen kann, ob ich richtig liege.
c Ich versuche, meine Investitionen meinen Zielen anzupassen. Ich bin jedoch nie ganz sicher, ob die Mischung stimmt.
d Ich halte meine Aktien, solange sie nicht fallen. Wenn sie fallen, werde ich nervös und zweifle an meiner Entscheidung.
e Ich verfolge sie mit Argusaugen, denn ich will auf keinen Fall Einbußen auf mein Einsatzkapital erleiden.

13

Meine finanziellen Ziele sind größtenteils

a langfristig – auf 15 bis 20 Jahre ausgerichtet.
b eher langfristig – auf zehn bis 15 Jahre ausgerichtet.
c gemischt – ich habe relativ kurzfristige Ziele, etwa das Ansparen einer Reserve, mittelfristige Ziele wie den Erwerb einer Immobilie und langfristige Ziele wie die Altersvorsorge.
d eher kurz- bis mittelfristig – meine Kinder sind noch in Ausbildung, und der Ruhestand zeichnet sich allmählich am Horizont ab.
e sehr kurzfristig – ich bin im Ruhestand, und mein Ziel ist in erster Linie, mein Erspartes so anzulegen, dass es monatlich genug zum Leben abwirft.

14
Meine Familie und meine Freunde

a stehen voll hinter mir. Sie würden mich jederzeit unterstützen, wenn ich all mein Geld in einem Börsenkrach oder durch ein misslungenes Termingeschäft verlieren würde.
b unterstützen mich und würden mir notfalls Geld leihen.
c unterstützen mich, können mir aber finanziell nicht unter die Arme greifen.
d unterstützen mich nicht, doch solange ich nichts von ihnen will, lassen Sie mich in Ruhe.
e belasten meinen Etat. Sie unterstützen mich nicht, sondern lassen sich unterstützen.

Auswertung

Geben Sie sich fünf Punkte für jede (a)-Antwort, vier für jede (b)-Antwort, drei für jede (c)-Antwort, zwei für jede (d)-Antwort und einen Punkt für jede (e)-Antwort und addieren Sie die Zahlen. Ihre Wertung:

60 bis 70 Punkte: Sie haben vermutlich das nötige Geld und die Bereitschaft, hohe Risiken auf sich zu nehmen. Riskante Investitionen sind zum Beispiel aggressive Wachstumsaktien, Neugründungen, Rohstoffe, Junk Bonds, Internationale Aktien, Aktienoptionen und Anlageobjekte im Immobilienbereich. Um auf Nummer sicher zu gehen, sollten Sie zumindest einen Teil Ihres Geldes in weniger wagemutige Anlagen stecken. Wenn Sie alles verlieren, werden Sie Ihre Risikobereitschaft sonst bitter bereuen.

47 bis 59 Punkte: Sie sind überdurchschnittlich risikobereit und haben wohl genügend Zeit und Geld, um auch einmal einen Verlust zu verkraften. Investoren dieser Kategorie sind gut beraten, sehr riskante und minder riskante Varianten zu mixen.

33 bis 46 Punkte: Sie sind durchschnittlich risikobereit, aber keine Spielernatur. Ordnen Sie jedem Ziel einen bestimmten Teilbetrag zu und investieren Sie Ihr Geld dann in erstklassige Aktien, Anleihen, Bundesschatzanweisungen und Geldmarktfonds, die Ihren Bedürfnissen entsprechen und Sie nachts gut schlafen lassen. Da Sie viele Pläne haben – vom Notgroschen bis hin zur möglichst ertragreichen Anlage für die Altersvorsorge –, sollte Ihr Portfolio Anlageformen mit hohem, mittlerem und niedrigem Risikopotenzial enthalten.

21 bis 32 Punkte: Ihre Risikotoleranz ist vergleichsweise gering, was an Ihrem Alter, Ihrem Einkommen oder Ihrer familiären Situation liegen kann. Die richtige Wahl für Sie wären wohl (selbst genutzte) Immobilien, erstklassige Anleihen, Staatstitel und bestimmte staatlich abgesicherte Sparformen. Doch zumindest einen Teil Ihrer Altersvorsorge sollten Sie in Aktien anlegen. Selbst wenn Sie bereits kurz vor oder im Ruhestand sind, sind Sie schließlich noch lange nicht tot. Das heißt, zumindest ein Teil Ihrer Altersversorgung will langfristig angelegt werden. Wenn Sie nun einen längerfristig anzulegenden Teilbetrag in Aktien investieren, dann wird zumindest dieser Teil Ihres Portfolios in diesem Zeitraum ebenso schnell oder schneller als die Inflation an Wert zunehmen. Damit sichern Sie sich langfristig Kaufkraft.

14 bis 20 Punkte: Sie haben praktisch keine Risikotoleranz. Wählen Sie Anlageformen, die staatlich abgesichert sind – etwa Einlagenzertifikate von Banken und Sparkassen, Finanzierungsschätze, Regierungsanleihen und Bundesschatzanweisungen. Wenn Sie dann mit dem Thema Geldanlage etwas vertrauter sind – oder sich Ihre Lebensumstände zum Positiven hin verändern –, überprüfen Sie Ihre Risikobereitschaft erneut. Sie werden feststellen, dass Sie viel eher bereit sein werden, auch einmal ein Investitionsrisiko einzugehen, sobald Sie mehr davon verstehen. Ihrer langfristigen wirtschaftlichen Situation wird das entgegenkommen.

Kapitel 3

Ihr Ausgangspunkt

Peter ist seit etwa fünf Jahren im Investmentgeschäft – lange genug, um einen Bullenmarkt, bei dem die Kurse kräftig steigen, von einem Bärenmarkt zu unterscheiden, der die Aktien in die Knie zwingt. Sein Problem: Er ist sich nie sicher, ob er nun den Stier bei den Hörnern gepackt hat oder in die Fänge von Meister Petz geraten ist. Da seine Existenz von der Antwort auf diese Frage abhängt, beginnt jeder neue Tag für ihn mit Heulen und Zähneklappern.

»Wenn der Markt zulegt, frage ich mich, ob ich verkaufen soll, um meinen Gewinn zu sichern. Tendiert er schwächer, weiß ich wieder nicht, ob ich rasch reagieren sollte, um meinen Verlust zu begrenzen«, erzählt er. »Meist lasse ich die Sache laufen – abgesehen davon, dass ich mir den Kopf zerbreche.«

Zahllose Anekdoten belegen, dass Peter – der übrigens Makler ist und nicht namentlich genannt werden möchte, um seine Kunden zu behalten – sich in guter Gesellschaft befindet. Das Geschäft mit ihrem Geld macht viele Menschen nervös, denn sie wissen, dass von diesen Entscheidungen ihre finanzielle Zukunft abhängt. Und schließlich steht der Anleger jeden Tag vor einer Fülle äußerst komplexer Möglichkeiten.

Dabei ist es weder besonders schwierig noch nervenaufreibend, Geld gut anzulegen. Es ist eigentlich ganz einfach, klug zu investieren, wenn man ein paar grundlegende Dinge beherzigt.

Welche, möchten Sie wissen? Nun, der erste und wichtigste Grundsatz lautet: Ziel Ihrer Aktivitäten ist nicht, unermessliche

Reichtümer anzuhäufen. Sie arbeiten nicht auf 20, 40 oder gar 50 Prozent Rendite hin. Auch nicht auf Gesprächsstoff für Partys. Ihr Ziel ist einzig und allein, zum richtigen Zeitpunkt das nötige Geld zu haben.

Dieser Leitsatz muss Ihnen in Fleisch und Blut übergehen. Immer wenn Sie Zweifel plagen, ob Sie Ihr Geld auch gut angelegt haben, müssen Sie sich die folgende Frage stellen: »*Werde ich mit meiner Anlagestrategie das Geld haben, das ich brauche, wenn ich es brauche?*« Wenn Sie diese Frage mit ja beantworten können, ist alles in Butter. Lautet die Antwort nein, dann müssen Sie etwas tun. So einfach ist das.

So richten Sie Ihre Geldanlage auf Ihre Ziele aus

Wie können Sie erreichen, dass Sie zum richtigen Zeitpunkt genügend Geld zur Verfügung haben? Zunächst ordnen Sie Ihre Mittel bestimmten Anlagekategorien zu, die Ihren Zielen entsprechen. In der Sprache der Märkte heißt diese Prozedur »Portfolio-Strukturierung«. Hört sich ungeheuer gewichtig an – als gäbe es da irgendeine geheime Wunderformel, die nur den Profis bekannt ist und Ihnen nicht –, ist aber in Wirklichkeit eher schlicht.

Die Bestimmung von Anlagekategorien

Die Portfolio-Strukturierung beginnt mit der Klassifizierung von Anlagen in fünf Kategorien. Diese Einteilung beruht nicht so sehr auf der Art der Investition, sondern vielmehr auf den Investitionszielen. Demnach können Sie Ihr Vermögen grob gliedern in

1. Anlagen, die Ihr Kapital bewahren,
2. Anlagen, die Ihnen Einkünfte bringen,

3. Anlagen, die deutlichen Kapitalzuwachs versprechen,
4. Anlagen, die Sie vor Inflation schützen, und
5. Anlagen, die Ihnen Spekulationsspielraum bieten.

Die Bedürfnisse der meisten Menschen sind mit drei dieser fünf Kategorien abgedeckt. Schreckt Sie der Gedanke an die Inflation, dann sollten Sie Punkt 4 mit einbeziehen. Die fünfte Kategorie ist nur interessant, wenn Sie entweder sehr jung oder sehr reich sind, denn Anlagen mit hoch spekulativem Charakter sind im Grunde eher ein Glücksspiel als eine Investition. Wenn (beziehungsweise sobald) Sie genug Geld haben, können Sie ein Bündel Scheine auf Würfel setzen. Da wissen Sie, dass Ihr Geld sich über Nacht verdoppeln könnte, doch die Wahrscheinlichkeit, alles zu verlieren, ist größer. Ganz ähnlich geht es in der fünften Kategorie zu. Bis es so weit ist, sollten Sie sich jedoch mit den vier anderen Anlagearten begnügen.

Warum Sie in vermutlich drei dieser Kategorien investieren werden? Nun, in erster Linie deshalb, weil sich die finanziellen Ziele der meisten Menschen in diesen drei Anlagekategorien wiederfinden.

So ist wohl jeder gut beraten, etwas Geld auf die hohe Kante zu legen, um gegen die Unbilden des Lebens gewappnet zu sein – gegen unerwartete Ausgaben oder Arbeitsplatzverlust. Ertragsorientierte Anlagen dagegen erfüllen einen doppelten Zweck: Sie liefern nicht nur die nötigen Mittel für kurz- und mittelfristige Ziele, sondern tragen durch regelmäßige Einkünfte zum Lebensunterhalt bei. Ertragsorientiert zu investieren lohnt sich für jeden, vom Rentner bis zur jungen Familie, die in absehbarer Zukunft eine größere Anschaffung plant.

Wachstumsorientiert investieren sollte schließlich jeder, der sich nicht auf die staatliche Rente verlassen möchte, denn die Wertsteigerung von Wachstumsanlagen liegt normalerweise über der Inflationsrate. Dadurch steigt im Laufe der Zeit die Kaufkraft Ihres Kapitals und Sie können sich große Lebensträume erfüllen, etwa den Ausstieg aus dem Beruf, um dann noch vierzig Jahre bequem vom Ersparten zu leben.

Wer soll nun so investieren, dass er vor Inflation geschützt ist? Vor allem Menschen, die sich um alles Sorgen machen. Wer große Teile seines Vermögens inflationsgeschützt anlegt, der hat oft auch Gold und Konservendosen in einem atombombensicheren Bunker. Trotz aller ironischen Bemerkungen: Es hat Zeiten gegeben, in denen sich glücklich schätzen konnte, wer vor Inflation geschützt war – Anfang der zwanziger Jahre oder in den siebziger Jahren zum Beispiel. Obwohl die Fachleute einhellig davon abraten, größere Summen in inflationssichere Wertpapiere zu stecken, gibt es eine Anlagestrategie, die Sie nicht nur ideal vor Inflation schützt, sondern zahlreiche andere Vorteile bietet. Es ist die Diversifizierung, über die Sie im nächsten Kapitel mehr erfahren.

Das Schwierigste an der Portfolio-Strukturierung ist die Entscheidung, wie viel Geld Sie in welche Anlageform investieren sollten. Das ist aber weder heikel noch kompliziert, sondern schlicht zeitaufwändig. Warum? Nun, wenn Sie es richtig machen wollen, müssen Sie sich genau überlegen, wofür Sie sparen und wie viel Sie für das jeweilige Sparziel benötigen. Sobald das feststeht, erledigt sich die Portfolio-Strukturierung praktisch von selbst.

Die Ermittlung finanzieller Ziele

So, jetzt müssen Sie sich überlegen, was Sie im Leben erreichen wollen und wie viel Ihre Ziele und Träume kosten werden. Um Ihnen auf die Sprünge zu helfen, handelt der Rest dieses Kapitels von sieben recht verbreiteten Zielen – Geld für den Notfall, Sparen auf eine größere Anschaffung, Kauf einer Immobilie, Ausbildungsvorsorge, die Schaffung »freier« Reserven, Rücklagen fürs Alter und ein Kapitalpolster, das Erträge abwirft, die Ihren Lebensunterhalt sichern.

Möglicherweise sehen Ihre persönlichen Ziele anders aus, doch vermutlich lässt sich zumindest das eine oder andere in die eben genannten einordnen. Dann geben Ihnen die Erläuterungen und Arbeitsblätter zu jedem der angegebenen Ziele eine Hilfestellung. Am Ende eines jeden Abschnitts wird diskutiert, welche Anlageform dem jeweiligen Ziel am besten entspricht.

Jetzt wird gerechnet: So werden Wünsche wahr

Anlageziel Notgroschen

Was Ihnen hier bevorsteht, ist ziemlich deprimierend. Um den Bedarf an Notfallkapital zu bestimmen, müssen Sie sich eine ganze Reihe von Katastrophenszenarios ausmalen – alle möglichen Ereignisse, ob das nun der Verlust des Arbeitsplatzes oder des Ehepartners, ein Autounfall oder ein Wohnungsbrand ist. Dann müssen Sie sich überlegen, welche Quellen Sie anzapfen können, um solche Krisen zu überstehen.

Es gibt einen ganz einfachen Grund dafür, weshalb Sie im Zusammenhang mit Schicksalsschlägen immer auch an alternative Geldquellen denken sollten. Geld für Notfälle muss sicher und schnell kündbar investiert werden. Das Kapital darf nur geringsten Risiken ausgesetzt sein – wie bei Sparkonten, Geldmarktfonds oder kurzfristigen Finanzierungsschätzen. Wie Sie jedoch im anschließenden Kapitel erfahren, werfen diese Anlageformen nicht allzu viel ab. Die Rendite ist gemeinhin so gering, dass Ihr Kapital nach Abzug aller Steuern kaum mit der Inflation Schritt hält. Das bedeutet, dass Sie über die Zeit Kaufkraft verlieren.

Sollten Sie also doch lieber auf entsprechende Reserven verzichten? Auf keinen Fall. Wenn Sie in eine Notlage geraten und diese nicht anders überbrücken können, dann ist ein solches Polster unschätzbar. Allerdings sollten Sie nur so viel zurücklegen wie unbedingt notwendig.

Der Betrag bemisst sich nach den persönlichen Risiken und den potenziellen Kosten, die auf Sie zukommen können. Das heißt im Klartext: Sie müssen sich überlegen, welche Katastrophe wohl am ehesten über Sie hereinbrechen könnte, und dann möglichst exakt ausrechnen, wie viel Geld Sie benötigen würden, um durchzukommen.

Sie hätten gern ein Beispiel?

Katastrophenschutz: Skizzierung möglicher Notfälle

Autoreparaturen

Angenommen, Sie sind auf ihr Auto angewiesen, um zu Ihrer Arbeitsstelle zu gelangen oder Ihre Arbeit auszuüben. Wenn nun Ihr Auto – wieder einmal – kaputtgeht, dann müssen Sie es sofort reparieren lassen oder sich einen Ersatz beschaffen. Wie viel müssen Sie nun beiseite legen, um im Notfall das Geld für die Reparatur zu haben? Vier Überlegungen helfen Ihnen beim Rechnen:

1. Wie viel haben zurückliegende Reparaturen gekostet?
2. Wie viel müssten Sie für ein neues Auto (an-)zahlen, falls eine Reparatur nicht mehr lohnt?
3. Können Sie sich Geld leihen – haben Sie eine nicht ausgeschöpfte Kreditlinie bei Ihrer Bank oder eine Kreditkarte, mit der Sie zur Not die Reparatur vorstrecken können? (Dieses Geld müssen Sie natürlich wieder hereinarbeiten können, sonst sitzen Sie am Ende auf horrenden Zinsforderungen.)
4. Könnten Sie sich nicht doch damit anfreunden, mit dem Bus zu fahren?

Wenn öffentliche Verkehrsmittel absolut nicht in Frage kommen, dann sollte Ihr Notfalletat für Autoreparaturen größer ausfallen – etwa 1000 Euro. Haben Sie dagegen ein zuverlässiges Fahrzeug und/oder eine Busfahrkarte, können Sie für diesen Punkt deutlich weniger einplanen.

Wie viel brauchen Sie also? Notieren Sie hier den wahrscheinlichsten Betrag:

Euro ____________

Instandhaltungskosten

Es war Liebe auf den ersten Blick, das Häuschen aus dem Jahr 1914, dank abblätternder Farbe und zerbrochener Glasscheiben gerade noch erschwinglich. Doch dann gab der Boiler den Geist auf. Was tun – reparieren lassen, kalt duschen oder mehr Parfum auflegen? Und die Geräusche, die die Heizung von sich gibt, lassen Böses ahnen. Wie viel Geld Sie für solche Reparaturen zur Seite legen müssen, hängt von der Beantwortung folgender Fragen ab: Wie viele Decken besitzen Sie? Ist das Dach in ähnlich schlechtem Zustand wie die Heizung? Kampieren Sie gern unter freiem Himmel?

An dieser Stelle sei gesagt, dass Instandsetzungsarbeiten bei neueren Häusern meist keine Notfälle darstellen, sondern von langer Hand geplant sind. Doch wenn Sie sich im ersten Teil der Geschichte wiedererkannt haben, dann sollten Sie sich bei einem Bummel durch den nächsten Baumarkt über die Kosten informieren, die auf Sie zukommen. Diese belaufen sich auf

Euro ____________

Arbeitsunfähigkeit

Haben Sie eine Versicherung, die Ihnen ein monatliches Einkommen sichert für den Fall, dass Sie wegen einer Verletzung oder Krankheit mehr als sechs Wochen lang nicht arbeiten können? Wer in einem Arbeitsverhältnis steht und sozialversichert ist, hat das in der Regel, aber das Krankengeld ist niedriger als der Nettolohn und könnte zu niedrig ausfallen – vor allem dann, wenn Sie sehr gut verdienen und hohe Belastungen haben. Man kann sich für solche Fälle mit einer Zusatzversicherung absichern, im Idealfall als Direktversicherung, deren Beiträge vom Arbeitgeber abgeführt werden. Sollten hier jedoch Wartezeiten gelten oder Leistungen und Police in keinem vernünftigen Verhältnis stehen, möchten Sie dann Rücklagen schaffen, um die Lücken zu schließen? In welcher Höhe? Nun, um diese Frage zu beantworten, müssen Sie Ihr persönliches und berufsspezifisches Risiko kalkulieren. Außerdem bemisst sich der Notfallbedarf daran, wie lange Sie bezahlt ausfallen können, ohne Ihren Arbeitsplatz zu verlieren. Könnten Sie unbegrenzt lange bei voller Bezahlung zu Hause bleiben, wäre eine Reserven für kurzfristige Arbeitsunfähigkeit überflüssig. Aber diese Vorstellung gehört wohl ins Reich des Märchens. Also sollten Sie mindestens ein Monatsgehalt auf der Bank in petto haben.

Verlust des Arbeitsplatzes

Die Arbeitslosigkeit ist für die meisten Erwachsenen der größte anzunehmende Notfall, der durch die Arbeitslosenversicherung nur bis zu einem gewissen Grad abgedeckt ist. Das ist der Grund, weshalb viele Finanzplaner raten, ungefähr ein halbes Jahreseinkommen zurückzulegen. Wie wir aber bereits festgestellt haben, ist es Ihrer finanziellen Situation langfristig abträglich, zu viel Geld unrentabel zu horten – es sei denn, das Risiko, Ihren Job zu verlieren, ist besonders akut und die Aussichten sind mau. Nehmen wir an, Sie arbeiten in einer Branche (oder einer Firma), die sich stark verändert. Kürzungen im personellen Bereich stehen an. Sie sind Alleinverdiener, und Ihr monatliches Einkommen deckt gerade mal Ihre Fixkosten, sodass bereits eine kurze Phase der Arbeitslosigkeit existenzbedrohend wäre. Trifft das auf Sie zu? Dann sollten Sie dringend möglichst hohe Reserven schaffen, die die Differenz zum Arbeitslosengeld und sogar zur Arbeitslosenhilfe ausgleichen. Haben Sie dagegen einen sicheren Job oder arbeiten in einer Wachstumsbranche und verfügen über Referenzen und Qualifikationen, mit denen Sie rasch etwas anderes finden würden, dann brauchen Sie nur wenig Notfallkapital.

Euro ____________

Tod des Partners

Der Tod eines allein verdienenden Ehepartners ist nicht nur eine persönliche Tragödie, sondern bedeutet auch eine finanzielle Notlage, gegen die man sich durch die Schaffung von Reserven kaum ausreichend absichern kann. Die Differenz zwischen dem, was der hinterbliebene Partner verdienen kann, und dem tatsächlichen Bedarf ist einfach zu groß, insbesondere wenn kleine Kinder vorhanden sind. (Auch wenn der Partner stirbt, der den häuslichen Part übernommen hat, hat das ernste finanzielle Konsequenzen. Stellen Sie sich vor, Sie müssten von Ihrem Gehalt ganztägige Kinderbetreuung und eine Haushaltshilfe finanzieren!)

Gegen dieses Risiko können Sie sich nur durch eine Lebensversicherung absichern. Um die nötige Deckungssumme zu ermitteln, müssen Sie sich überlegen, was passieren würde, wenn Ihr Partner stürbe. Wie groß wäre Ihre Versorgungslücke? Wie lange würden Sie brauchen, bis Sie diese Lücke ausgleichen könnten? Addieren Sie diese Zahlen und besorgen Sie sich dann im Internet (oder bei einem Versicherungsberater) eine Police über die entsprechende Summe.

Gesamte Notfallreserve

Bevor Sie nun die in den vorangegangenen Abschnitten ermittelten Summen zusammenrechnen (und etwas aufstocken für sonstige, hier nicht angesprochene Notfälle), denken Sie daran, dass vermutlich nicht alle vorstellbaren Notlagen gleichzeitig über Sie hereinbrechen werden. Schließlich heißen Sie ja nicht Hiob. Legen Sie nur so viel zur Seite, dass Sie die schlimmste Notlage überbrücken könnten. Und nehmen Sie sich fest vor, die Reserven wieder aufzufüllen, sobald die Krise überstanden ist.

Euro ____________

Den Notgroschen dürfen Sie nur in Anlagen investieren, auf die Sie kurzfristig zugreifen können und die so sicher wie irgend möglich sind. Im Grunde kommen nur Investitionen in der ersten Kategorie in Betracht, die in Kapitel 4 einzeln vorgestellt werden.

Ziel: Sparen auf eine größere Anschaffung

Will man sich einen größeren Konsumwunsch erfüllen, gehört das Ansparen und Anlegen der dafür benötigte Summe zu den leichtesten finanziellen Übungen. Ob es sich um eine Einbauküche oder eine luxuriöse Kreuzfahrt handelt – das Prinzip ist dasselbe. Nehmen wir hier als Beispiel die geplante Anschaffung eines Autos. Meist hat man ja schon eine genaue Vorstellung davon, welches Modell es werden soll, und weiß – oder kann problemlos feststellen –, wie viel es kostet. Außerdem kann man recht genau angeben, wann man den Wagen kaufen möchte. (Natürlich können sich Kauftermin oder Modell kurzfristig ändern, etwa wenn die angesparte Summe nicht reicht.)

Sie wissen auch, wie wichtig Ihnen dieses Ziel ist, und können daher festlegen, wie hoch Ihre diesbezügliche Risikobereitschaft ist. Wenn es Sie nicht in tiefe Depressionen stürzt, dass sich der Kauf Ihres Porsche verzögert, weil der Aktienmarkt gerade schwächelt, dann können Sie ruhig ein bisschen spielen und das für den Autokauf vorgesehene Geld teilweise – oder ganz – in Aktien inländischer Unternehmen stecken.

Wenn Sie dagegen einen neuen Honda anschaffen wollen, weil der alte bald den Geist aufgibt und Sie nicht wissen, wie Sie den Alltag ohne fahrbaren Untersatz bewältigen sollen, dann sollten Sie eher konservativ investieren. In diesem Fall können Sie Ihr Geld in erstklassige festverzinsliche Papiere stecken, die zum geplanten Kauftermin fällig werden. (Wenn Sie Fondsanteile bevorzugen, dann wäre ein Rentenfonds mit solidem Inventarwert genau das Richtige.)

Ansonsten ist nur noch von Interesse, wie Sie das Auto bezahlen möchten: Zahlen Sie bar, wollen Sie den Wagen leasen oder anzahlen und den Rest finanzieren? Die Antwort auf diese Frage liefert Ihnen die Summe, die Sie ansparen müssen. Wie sieht Ihr Ergebnis aus?

Euro ____________

Wenn wir einmal annehmen, dass Sie diesen Betrag nicht von heute auf morgen benötigen, ist jetzt nur noch auszurechnen, wie viel Sie jeden Monat zurücklegen müssen, um Ihr Ziel zu erreichen. Sie haben den Betrag ermittelt, den Sie Ihrer Ansicht nach benötigen. Verfügen Sie bereits über Ersparnisse? Wenn ja, setzen Sie die vorhandene Summe in die folgende Zeile ein und multiplizieren Sie sie mit dem entsprechenden Faktor aus der Tabelle S. 46. Dieser bemisst sich nach dem Zeitraum, den Sie zum Erreichen Ihres Ziels veranschlagen, und dem Zinssatz, den Sie in dieser Zeit bekommen können. Sie werden feststellen, dass die Tabelle nur vier Zinssätze enthält, gestaffelt von 3 bis 6 Prozent. In einem normalen Marktumfeld ist für kurzfristige Anlagen (über ein bis fünf Jahre) nicht mehr zu erwarten. Holen Sie dennoch höhere Beträge heraus, freuen Sie sich! Dann können Sie sich Ihr Auto früher kaufen oder mehr anzahlen oder sich ein paar Extras leisten. (Beachten Sie, dass die Rendite umso niedriger ausfällt, je weniger Zeit Sie veranschlagen.)

Zeitraum: ____________ Jahre

Vorhandene Ersparnisse:

Euro ____________ × ____________ = Euro ______________

(bereits angespart) (Faktor) (zukünftiger Wert des Ersparten)

Kapitalvermehrungsfaktor

	Rendite			
Zeitraum	**3 %**	**4 %**	**5 %**	**6 %**
1 Jahr	1,03	1,04	1,05	1,06
2 Jahre	1,062	1,083	1,105	1,127
3 Jahre	1,094	1,127	1,161	1,197
4 Jahre	1,127	1,173	1,221	1,270
5 Jahre	1,162	1,221	1,283	1,349

Ziehen Sie jetzt den zukünftigen Wert des Ersparten von dem benötigten Betrag ab. Diese Differenz müssen Sie mit Ihren zusätzlichen monatlichen Spargroschen erwirtschaften. Differenz:

Euro ____________

Wie viel müssen Sie monatlich zurücklegen? Da es sich um ein relativ kurzfristiges Ziel handelt, werden Sie für Ihre monatlichen Beträge kaum sehr hohe Zinsen bekommen. Daher können Sie sich komplizierte Berechnungen schenken und teilen stattdessen einfach den Betrag durch die Zahl der verbleibenden Monate. Wenn Ihnen beispielsweise noch 2000 Euro fehlen und Sie in zwei Jahren ein neues Auto kaufen wollen, dividieren Sie 2000 durch 24 und erkennen, dass Sie bis zum Erreichen der Ziellinie 83,33 Euro pro Monat abzweigen sollten. Ihr Ergebnis:

Euro ____________

Geld, das für eine finanziell überschaubare Anschaffung gedacht ist, kann man in ganz unterschiedlichen Risikoklassen anlegen. Wenn Sie das Auto unbedingt bald benötigen und den Kauf auf keinen Fall aufgrund von Investitionsverlusten aufschieben wollen, dann empfehlen sich Anlageformen mit geringem Risiko, also solche, die in die erste Kategorie fallen. Haben Sie es nicht ganz so eilig, sodass ein kleiner Rückschlag an der Börse Sie nicht völlig aus der Bahn wirft, können Sie das Geld in mäßig riskante Instrumente stecken wie kurz- und mittelfristige Anleihen, Rentenfonds und Aktienfonds. Ist das Auto reiner Luxus und Sie sind auf den Kauf nicht angewiesen, dann können Sie in Wachstumspapiere investieren wie Aktienfonds oder sogar in einzelne Aktien. Mit etwas Glück erwirtschaften Sie damit mehr als geplant, sodass Sie eine höhere Anzahlung oder ein größeres Auto erwägen können. Wenn Sie allerdings Pech haben, müssen Sie das ersehnte Luxusmodell ordentlich abspecken. Doch wenn Sie keine anderen Probleme haben im Leben, können Sie sich trotzdem glücklich schätzen.

Ziel: Das Eigenheim

Wenn Sie ein eigenes Haus kaufen und ermitteln wollen, wie viel Sie dafür ansparen müssen und wie Sie dieses Geld investieren sollen, dann gehen Sie im Grunde ganz ähnlich vor wie beim Sparen auf ein Auto. Sie klären zunächst, welche Immobilie Ihnen vorschwebt und wie viel sie kostet.

Möchten Sie Ihr Haus mit dem üblichen Eigenkapitalanteil von 20 bis 30 Prozent finanzieren – was Ihnen günstigere Zinsen sichert –, dann multiplizieren Sie die kalkulierten Kosten mit 20 oder 30 Prozent. Das ist der Betrag, den Sie ansparen müssen. So viel können Sie unmöglich bis zum geplanten Kauf zusammenbringen? Wenn es der Markt hergibt und Ihre Bonität außer Frage steht, dann können Sie vermutlich auch mit einem geringeren Eigenkapitalanteil finanzieren. Doch dann kommen höhere Zinsen auf Sie zu. So oder so, selbst unter günstigsten Bedingungen brauchen Sie zwischen 3 und 5 Prozent des Kaufpreises, um Kosten und Gebühren zu bestreiten. Tragen

Sie hier den Betrag ein, den Sie als Eigenanteil für Ihr Eigenheim errechnet haben:

Euro ___________

Woher soll das Geld nun kommen? Hier gibt es zwei Quellen: bereits vorhandenes, angelegtes Geld plus den Betrag, den Sie jeden Monat erübrigen und beiseite legen können. Um auszurechnen, wie viel Sie monatlich sparen sollten, ermitteln Sie zunächst – wie gehabt – den zukünftigen Wert Ihrer vorhandenen Ersparnisse. Zu diesem Zweck multiplizieren Sie den derzeitigen Betrag mit der entsprechenden Zahl aus der folgenden Tabelle. Je weniger Zeit Sie bis zum Kauftermin veranschlagt haben, desto bescheidener fällt die Rendite aus, die Sie für Ihr Kapital kalkulieren können.

Vorhandene Ersparnisse:

Euro ___________ × ___________ = Euro ___________

(bereits angespart) (Faktor) (zukünftiger Wert des Ersparten)

Kapitalvermehrungsfaktor

Zeitraum	3 %	4 %	5 %	6 %	7 %	8 %	9 %	10 %
1 Jahr	1,03	1,04	1,05	1,06	1,07	1,08	1,09	1,10
2 Jahre	1,062	1,083	1,105	1,127	1,150	1,173	1,196	1,220
3 Jahre	1,094	1,127	1,161	1,197	1,233	1,270	1,309	1,348
4 Jahre	1,127	1,173	1,221	1,270	1,322	1,376	1,431	1,489
5 Jahre	1,162	1,221	1,283	1,349	1,418	1,490	1,566	1,645
6 Jahre	1,196	1,271	1,349	1,432	1,520	1,613	1,712	1,818
7 Jahre	1,233	1,322	1,418	1,520	1,630	1,747	1,873	2,007
8 Jahre	1,271	1,376	1,490	1,614	1,748	1,892	2,049	2,218
9 Jahre	1,309	1,432	1,567	1,714	1,874	2,049	2,241	2,450
10 Jahre	1,349	1,491	1,647	1,819	2,010	2,220	2,451	2,707

Nun müssen Sie nur noch den bereits vorhandenen Betrag abziehen. Die Differenz ist die Summe, die Sie im veranschlagten Zeitraum ansparen müssen.

Euro ____________

Wie viel müssen Sie nun monatlich beiseite legen, um diesen Betrag zusammenzubekommen? Wenn Sie sich die Immobilie erst in ein paar Jahren anschaffen wollen, dann wollen Sie sicher die anfallenden Renditen in die monatlichen Beträge mit einrechnen, um einen realistischen Schätzwert zu erhalten – siehe S. 50. (Dieser Wert ist jedoch ein Schätzwert, da sich der Ertrag auf Ihr Anlagekapital nicht exakt vorausberechnen lässt. Auch der Zeitraum steht vermutlich nicht hundertprozentig fest, sodass hier ebenfalls ein Annäherungswert zugrunde gelegt wird. Immerhin handelt es sich um realistische Schätzwerte, die der Wahrheit ziemlich nahe kommen dürften. Am Ende könnten Sie jedoch ein wenig mehr oder etwas weniger haben als geplant.)

Euro ____________	× ____________	= Euro ______________
(benötigte Summe)	(Faktor)	(monatlich anzusparender Betrag)

Auch um den richtigen Anlagemix für Ihren Sparplan fürs Eigenheim zu ermitteln, müssen Sie mehr oder weniger die gleichen Überlegungen anstellen wie beim Autokauf. Fragen Sie sich Folgendes: Ist das Haus Notwendigkeit oder Luxus? Können Sie damit leben, wenn sich der Erwerb hinauszögert oder die Bleibe eine Nummer kleiner ausfällt?

Wenn Sie klug sind, investieren Sie in eine Mischung aus ertrags- und wachstumsorientierten Anlagen. So sichern Sie zumindest einen Teil Ihres Kapitals und erwirtschaften doch mehr als die Inflationsrate – und das muss schon sein, wenn Sie Ihren Traum von den eigenen vier Wänden erfüllen wollen. Da es sich jedoch hier um ein re-

Rendite monatlich gleichbleibender Sparraten

Zeitraum	3 %	4 %	5 %	6 %	7 %	8 %	9 %	10 %
3 Jahre	0,0266	0,0262	0,0258	0,0254	0,0250	0,0247	0,0243	0,0239
4 Jahre	0,0196	0,0192	0,0188	0,0184	0,0181	0,0177	0,0174	0,0170
5 Jahre	0,0155	0,0151	0,0147	0,0143	0,0140	0,0136	0,0133	0,0129
6 Jahre	0,0127	0,0123	0,0119	0,0116	0,0112	0,0109	0,0105	0,0102
7 Jahre	0,0107	0,0103	0,0100	0,0096	0,0092	0,0089	0,0086	0,0083
8 Jahre	0,0092	0,0088	0,0085	0,0081	0,0078	0,0075	0,0071	0,0068
9 Jahre	0,0081	0,0077	0,0073	0,0070	0,0067	0,0063	0,0060	0,0057
10 Jahre	0,0071	0,0068	0,0064	0,0061	0,0058	0,0055	0,0052	0,0049
11 Jahre	0,0064	0,0060	0,0057	0,0054	0,0050	0,0047	0,0045	0,0042
12 Jahre	0,0058	0,0054	0,0051	0,0048	0,0044	0,0041	0,0039	0,0036
13 Jahre	0,0052	0,0049	0,0046	0,0042	0,0039	0,0037	0,0034	0,0031
14 Jahre	0,0048	0,0044	0,0041	0,0038	0,0035	0,0032	0,0030	0,0027
15 Jahre	0,0044	0,0041	0,0037	0,0034	0,0031	0,0029	0,0026	0,0024
16 Jahre	0,0041	0,0037	0,0034	0,0031	0,0028	0,0026	0,0023	0,0021
17 Jahre	0,0038	0,0034	0,0031	0,0028	0,0026	0,0023	0,0021	0,0019

lativ kurzfristiges Ziel handelt, sind Investmentfonds das Instrument der Wahl in punkto Wachstum, nicht einzelne Aktien. Mit Fondsanteilen gewährleisten Sie eine breitere Streuung Ihrer Anlagen, sodass die eine oder andere ungünstige Marktbewegung abgefedert werden kann.

Ziel: Ausbildungsvorsorge

Bei der Berechnung der Summen, die Ihre Kinder einmal für ihre Ausbildung brauchen, gibt es an sich nur ein Problem: Ihre Kinder. Die sind nun einmal nicht mit dem Aufdruck »akademische Laufbahn« oder »Berufsschule« zur Welt gekommen. Je nach Art der Ausbildung können die Kosten erheblich variieren. Die meisten Eltern mittlerer Einkommensschichten können es sich leisten, ihre Kinder studieren zu lassen. Doch wenn die Ausbildung die Regelstudienzeit überschreitet oder der Sprössling gar an eine Privatschule oder eine Eliteuniversität wie Harvard oder Witten/Herdecke möchte? Dort schlagen bereits die Studiengebühren kräftig zu Buche.

Der beste Zeitpunkt, um vorzusorgen, ist unglücklicherweise, solange die Wickelkommode noch im Kinderzimmer steht. (Dann kann man mit Zins und Zinseszins rechnen, was dem Sparziel zugute kommt.) Doch wer weiß schon, wie sich ein Baby entwickelt? Es kann durchaus sein, dass Sie zu viel oder zu wenig sparen. Was also tun? Wir müssen wieder schätzen.

Vielleicht haben Sie Ihre Ausbildung selbst finanziert und glauben, dass die daraus resultierende Eigenständigkeit Gold wert ist. Erwarten Sie, dass Ihre Kinder einen Großteil der Kosten selbst tragen, müssen Sie weniger ansparen, als wenn Sie die gesamte Ausbildung finanzieren wollen. So oder so, Sie müssen sich auf einen Betrag festlegen. Wägen Sie ab, welche Faktoren Ihnen besonders wichtig erscheinen, und entscheiden Sie, wie viel Unterstützung Sie jedem Kind geben wollen. Anhand der Tabelle »Rendite monatlich gleichbleibender Sparraten« auf S. 50 und des folgenden Arbeitsblattes können Sie dann ermitteln, wie viel Sie jeden Monat zurücklegen müssen, um zum gegebenen Zeitpunkt über die nötigen Mittel verfügen zu können. Haben Sie mehr als ein Kind, addieren Sie die Beträge, um die Höhe der monatlichen Gesamtsparrate zu bestimmen. Kurzer Hinweis: Wenn Sie nicht gerade über die Steuerfreigrenzen kommen (siehe Kapitel 11), legen Sie das Geld besser auf Ihren Namen an. Erstens erhalten Sie Ihren Kindern möglicherweise später den Anspruch auf staatliche Unterstützung, und zweitens behalten Sie die Kontrolle über das Geld – nur für den Fall, dass der Junior sich als Hallodri entpuppt und lieber in der Welt herumreisen (oder zum Maserati-Händler) will als auf die Schulbank.

Wenn Sie bereits Geld für die Ausbildung zurückgelegt haben, führen Sie bitte dieselbe Berechnung durch wie beim Hauskauf, um den zukünftigen Wert Ihrer Ersparnisse zu ermitteln. Diesen Betrag ziehen Sie dann von der insgesamt anzusparenden Summe (letztes Feld

Arbeitsblatt: Ausbildungskosten

Ich möchte ________________ für die Ausbildung
(Name des Kindes)
Euro __________________ geben.
(Betrag)

Anzahl der Jahre bis zum Ausbildungsbeginn des Kindes: _______

Euro _________________ × ____________________ =
(benötigter Betrag) (Faktor aus Tabelle S. 50)
Euro______________________________.
(monatlich anzusparender Betrag)

Ich möchte ________________ für die Ausbildung
(Name des Kindes)
Euro __________________ geben.
(Betrag)

Anzahl der Jahre bis zum Ausbildungsbeginn des Kindes: _______

Euro _________________ × ____________________ =
(benötigter Betrag) (Faktor aus Tabelle S. 50)
Euro______________________________.
(monatlich anzusparender Betrag)

Ich möchte ________________ für die Ausbildung
(Name des Kindes)
Euro __________________ geben.
(Betrag)

Anzahl der Jahre bis zum Ausbildungsbeginn des Kindes: _______

Euro _________________ × ____________________ =
(benötigter Betrag) (Faktor aus Tabelle S. 50)
Euro______________________________.
(monatlich anzusparender Betrag)

Insgesamt monatlich anzusparender Betrag =
Euro ____
(Summe der monatlich anzusparenden Beträge für alle Kinder)

der nächsten Zeile) ab, bevor Sie sich dem Arbeitsblatt »Ausbildungskosten« zuwenden.

Die richtige Geldanlage für die Ausbildungsvorsorge hängt von der Zeitspanne bis zum Ausbildungsbeginn ab. Sparen Sie für einen Teenager, sollten Sie das Geld eher konservativ anlegen. Einen Teil können Sie in Aktien oder andere wachstumsorientierte Anlageformen stecken, doch nicht zu viel. Der Löwenanteil gehört in kurz- und mittelfristige ertragsorientierte Anlagen, die mit Beginn der Ausbildung fällig werden. Fangen Sie bereits an zu sparen, wenn das Kind noch durchs Wohnzimmer krabbelt, können Sie durchaus aggressiver investieren: das Gros in Aktien und nur einen kleinen Teilbetrag – wenn überhaupt – in festverzinslichen Papieren.

Haben Sie mehrere Kinder, die teils schon weiterführende Schulen, teils noch den Kindergarten besuchen, ist ein breiter Anlagemix zu empfehlen. Einen Teil Ihres Geldes sollten Sie in vergleichsweise stabile Instrumente investieren, um sicherzustellen, dass auch wirklich Geld da ist, wenn ein Kind die Schule abschließt, einen anderen Teil in Aktien, was später dem Nesthäkchen zugute kommen wird.

Ziel: Persönliche Freiheit

Nehmen wir an, Sie sind noch recht jung. Sie haben keine Kinder. Mit Ihrer Wohnung sind Sie rundum zufrieden. Einen schicken Sportwagen finden Sie überflüssig. Natürlich könnten Sie sparen, aber wofür? Hier eine Anregung: Sparen Sie doch, um sich später mehr Freiheit leisten zu können. Denken Sie einmal nach über Ihr Leben, Ihre Zukunft und die Dinge, die Ihnen persönlich wichtig sind. Möchten Sie irgendwann zu Hause bleiben und Kinder groß ziehen (falls Sie Kinder haben möchten)? Vielleicht haben Sie eines Tages einen kompletten Idioten zum Chef. Wäre es dann nicht ein schönes Gefühl, alles hinschmeißen zu können, ohne sich Sorgen machen zu müssen, wie man über die Runden kommt? Möglicherweise möchten Sie sich vorzeitig aus dem Arbeitsleben zurückziehen? Oder einen ganzen Sommer lang mit dem Traummann/der Traumfrau Urlaub machen (irgendwann einmal, wenn Sie den Traumpartner kennen gelernt haben, natürlich)?

Nun, dann könnten Sie es kaum besser treffen. Sie sind in der glücklichen Lage, heute für Ziele sparen zu können, die Sie vielleicht einmal in ferner Zukunft verwirklichen möchten. Wie eifrig Sie dafür sparen, sollten Sie von der Wahrscheinlichkeit dieser Ziele abhängig machen. Wenn Sie Kinder lieben und sich vorstellen könnten, zumindest ein paar Jahre lang ganz für sie da zu sein, dann sollten Sie fleißig sparen. Sie haben nichts zu verlieren und jede Menge Freiheit zu gewinnen. Es ist jedoch fast unmöglich, einen bestimmten Betrag festzulegen für ein Ziel, das noch gar nicht existiert. Quälen Sie sich also nicht mit sinnlosen Berechnungen, wie viel Sie sparen sollten. Ermitteln Sie lieber, wie viel Sie sparen könnten, und lassen Sie den Betrag automatisch vom Gehaltskonto abbuchen. Investieren Sie aggressiv – Sie haben schließlich genügend Zeit, Marktbewegungen auszusitzen, Sie wissen ja noch nicht einmal, wofür Sie das Geld verwenden wollen. Abgesehen von einer jährlichen Überprüfung (der Sie übrigens alle Ihre Anlagen unterziehen sollten), haben Sie damit keine Arbeit. Sollten Sie eines Tages aufwachen und feststellen, dass dieses Geld Ihnen Möglichkeiten eröffnet, von denen Sie bisher nur träumen konnten: Wunderbar!

Legen Sie Ihr Geld in diesem Fall ruhig gewagt, wenn auch nicht übermütig an. Lesen Sie Kapitel 5 zur Auswahl von Aktien, ziehen Sie auch Aktien ausländischer Unternehmen (Kapitel 10) in Betracht. Wenn Sie Aktien nicht selbst aussuchen können oder wollen, weil Ihnen die Zeit fehlt, arbeiten Sie Kapitel 8 über Fonds durch.

Ziel: Altersvorsorge

Es ist nicht einfach, den richtigen Betrag für die Altersvorsorge zu ermitteln. Wenn Sie wissen möchten, wie viel Sie für den Ruhestand zurücklegen sollten, müssten Sie zuvor wissen, wie viel Sie als Rentner ausgeben werden. Das bedeutet, Sie müssen eine Art fiktives Ruhestandsbudget aufstellen. Wie? Nun, betrachten Sie einfach Ihr heutiges Budget und fragen Sie sich, wie sich Ihr Leben wohl verändern wird, wenn Sie nicht mehr arbeiten.

Werden Sie zur Miete wohnen? Wird Ihr Haus oder Ihre Wohnung bis dahin abgezahlt sein? Wenn ja, können Sie die Raten für den Kredit abziehen, nicht jedoch die Reparatur- und Instandhaltungskosten. Möchten Sie jeden Tag Golf spielen? Dann sollten Sie Platzgebühren einrechnen. Oder nach Herzenslust reisen? Rechnen Sie einige Tausender pro Jahr extra. Streichen können Sie, was Sie heute jeden Monat zurücklegen. Der Ruhestand ist der Lebensabschnitt, in dem man Geld ausgibt. Ein paar Dinge sind völlig unberechenbar – die Kosten für medizinische Versorgung und Medikamente etwa, die nicht (oder nicht mehr) von der Krankenversicherung übernommen werden. Planen Sie ein Polster ein, um auf Nummer sicher zu gehen.

So erhalten Sie einen Schätzwert, den Sie – falls alles erwartungsgemäß läuft – als Ruheständler jeden Monat brauchen. Den inflationsbereinigten Betrag ermitteln Sie durch Multiplikation mit dem entsprechenden Faktor aus der folgenden Tabelle. Die Inflationsrate der letzten 72 Jahren in den USA betrug durchschnittlich knapp über 3 Prozent, während die Deutsche Mark seit 1948 gemittelt 3,5 Prozent jährlich an Wert verlor. An diesen historischen Vorgaben orientiert sich die Darstellung: Da Altersvorsorge ein langfristiges Ziel ist, bietet ein langfristiger Durchschnitt eine gute Berechnungsgrundlage. Als Vergleichsmöglichkeit sind in der Tabelle außerdem die Werte bei einer Inflationsrate von 5 Prozent angegeben. (Falls Sie noch andere Inflationswerte berücksichtigen möchten, so finden Sie im Internet verschiedene Rentenberechnungsprogramme, zum Beispiel auf der zum Thema Rente insgesamt sehr informativen Seite von Andreas Koehler, www.rententips.de. Sie können sich auch vom Bundesministerium für Arbeit oder der Bundesversicherungsanstalt für ungefähr 5 Euro eine CD-ROM mit einer entsprechenden Software zuschicken lassen, www.bma.de/de/ministerium/cdrom.htm oder www.bfa-berlin.de.)

Euro ______________	× ____________	= Euro______________
(ermitteltes Monatsbudget)	(Faktor)	(inflationsbereinigtes Monatsbudget)

Ziel: **Altersversorgung (inflationsbereinigtes Monatsbudget)**

Zeitraum	durchschnittl. Inflationsrate 3 % p.a.	durchschnittl. Inflationsrate 5 % p.a.
5 Jahre	1,16	1,28
10 Jahre	1,34	1,65
15 Jahre	1,56	2,12
20 Jahre	1,81	2,72
25 Jahre	2,09	3,49
30 Jahre	2,43	4,48
35 Jahre	2,81	5,75
40 Jahre	3,26	7,39

Nun haben Sie einen inflationsbereinigten Betrag errechnet. Im Ruhestand werden Sie Ihr Einkommen vermutlich aus drei Quellen beziehen: Ihre Ersparnisse, betriebliche Altersversorgung (falls vorhanden) und die staatliche Rente. Erfüllen Sie die Voraussetzungen der Rentenversicherung, wissen aber nicht, wie viel Geld Sie zu erwarten haben, wenden Sie sich an die Versicherungsanstalt und lassen sich eine Rentenberechnung schicken. (Irgendwann einmal sollten Sie ab dem 45. Lebensjahr jährlich über den Stand Ihres Rentenkontos informiert werden. Aber das ist bisher nur angedacht, ein Zeitpunkt für die Umsetzung des Vorhabens steht noch nicht fest. Sie können im Internet unter www.bfa-berlin.de sehr unkompliziert einen entsprechenden Antrag stellen und erhalten die Antwort per E-Mail. Telefonisch können Sie sich entweder unter der kostenlosen Servicenummer 0800/3331919 oder direkt in Berlin unter 030/865-1 beraten lassen. Außerdem sollte sich eine Vertretung von LVA und BfA in Ihrer

Nähe befinden, schauen Sie am besten ins Telefonbuch. Für verbindliche Auskünfte sollten Sie Ihre Versicherungsnummer bereithalten.) Denken Sie jedoch daran, dass die Berechnung umso ungenauer ausfällt, je weiter Sie noch vom Rentenalter entfernt sind. Doch immerhin haben Sie damit eine Grundlage. Steht Ihnen eine Betriebsrente zu, die Ihnen lebenslang monatlich ausbezahlt wird, erbitten Sie bei Ihrem Arbeitgeber eine Hochrechnung. Diese beiden Beträge ziehen Sie von Ihrem Budget ab. Erst danach ermitteln Sie, wie viel Sie noch ansparen müssen.

In einem letzten Schritt stellen Sie dann fest, wie viel der von Ihnen bereits für die Altersversorgung angesparte Betrag abwerfen wird. Einen vernünftigen Schätzwert erhalten Sie, wenn Sie den passenden Faktor aus der folgenden Tabelle einsetzen.

Euro ______________ × ____________ = Euro ______________

(angesparte Summe) (Faktor) (zukünftiger Wert des Ersparten)

***Ziel:* Altersversorgung (zukünftiger Wert der Ersparnisse)**

	Rendite							
Zeitraum	**5 %**	**6 %**	**7 %**	**8 %**	**9 %**	**10 %**	**11 %**	**12 %**
5 Jahre	1,28	135	1,42	1,49	1,57	1,64	1,73	1,82
10 Jahre	1,65	1,82	2,01	2,22	2,45	2,71	2,99	3,30
15 Jahre	2,11	2,45	2,85	3,31	3,84	4,45	5,17	5,99
20 Jahre	2,71	3,31	4,04	4,93	6,01	7,32	8,93	10,89
25 Jahre	3,48	4,46	5,72	7,34	9,41	12,06	15,45	19,79
30 Jahre	4,47	6,02	8,12	10,94	14,73	19,84	26,71	35,95
35 Jahre	5,73	8,12	11,51	16,29	23,06	32,64	46,18	65,31
40 Jahre	7,35	10,96	16,31	24,27	36,11	53,70	79,83	118,65

Um ganz sicher zu gehen, sollten Sie diesen Betrag nun mit 6 Prozent multiplizieren und das Ergebnis durch zwölf teilen, um zu sehen, wie viel der gesparte Betrag monatlich abwirft, ohne Ihr Kapital anzugreifen. Das Ergebnis tragen Sie bitte hier ein:

Euro ____________

Ist das nun weniger oder mehr als der Betrag, der nach Abzug Ihrer betrieblichen Altersversorgung und Ihrer Rente verbleibt? Wenn es mehr ist, haben Sie ausreichend vorgesorgt. Sie können noch Geld zurücklegen, um sich im Alter einen besseren Lebensstil zu gönnen (oder für Eventualitäten, die Sie heute noch nicht absehen können). Sie können sich aber auch entspannt zurücklehnen. Bleibt allerdings eine Lücke, müssen Sie noch mehr ansparen.

Wie viel Sie zusätzlich zurücklegen müssen, lässt sich in zwei Schritten ermitteln. Zunächst multiplizieren Sie den Betrag, der Ihnen monatlich fehlt – also die Differenz zwischen dem erwartungsgemäßen Bedarf und Ihren vorhandenen Ersparnissen, betrieblicher Altersversorgung und Rente –, mit 207. Ergebnis:

Euro ____________

Diese Zahl multiplizieren Sie nun mit dem entsprechenden Faktor aus der nächsten Tabelle. Wählen Sie dabei den Faktor, der der Zahl der verbleibenden Jahre bis zum Ruhestand und der Rendite, die Sie für Ihre Anlagen erwarten, am nächsten kommt.

Euro ____________ ×	____________ =	Euro ____________
(Versorgungslücke)	(Faktor)	(monatlich anzusparender Betrag)

Ziel: Altersversorgung (monatlich anzusparender Betrag)

	Rendite							
Zeitraum	**5 %**	**6 %**	**7 %**	**8 %**	**9 %**	**10 %**	**11 %**	**12 %**
5 Jahre	0,0147	0,0143	0,0140	0,0136	0,0133	0,0129	0,0126	0,0122
10 Jahre	0,0064	0,0061	0,0058	0,0055	0,0052	0,0049	0,0046	0,0043
15 Jahre	0,0037	0,0034	0,0031	0,0029	0,0026	0,0024	0,0022	0,0020
20 Jahre	0,0024	0,0022	0,0019	0,0017	0,0015	0,0013	0,0011	0,0010

Selbst wenn Sie sich schon bald zur Ruhe setzen werden, sollten Sie Ihre Altersversorgung in Anlagen mit moderatem bis höherem Risiko investieren. Warum? Nun, hier sind die Wachstumsraten langfristig am größten, und Sie werden vermutlich noch lange leben. Angesichts der steigenden Lebenserwartung und der großen Zahl von Menschen, die relativ früh aus dem Arbeitsleben ausscheiden – im Alter von fünfundfünfzig bis sechzig –, hat der Durchschnittsbürger bei Rentenbeginn noch zwanzig bis vierzig Jahre vor sich. Also zählt Ihre Altersversorgung auch dann noch zu den längerfristigen Anlagen.

Die übliche Faustregel, wie Sie Aktien und Festverzinsliche in Ihrer Altersversorgung gewichten sollten, lautet: Ziehen Sie von 100 Ihr Lebensalter ab. Das Ergebnis gibt an, wie viel Prozent Ihrer Altersversorgung Sie in Aktien investieren sollten. Es sollten jedoch nie mehr als 80 und nie weniger als 20 Prozent sein. Soweit die Faustregel. Besser ermitteln Sie den Prozentsatz, mit dem Sie sich wohl fühlen, wenn Sie Kapitel 2 über die Risiken gelesen haben.

Ziel: Regelmäßige Einkünfte

Wenn es Ihnen um regelmäßige Einkünfte aus Ihrem Kapital geht, dann haben Sie vermutlich die Sparphase Ihres Lebens bereits hinter sich und befinden sich jetzt in der Phase des Ausgebens. Mit anderen Worten, wahrscheinlich sind Sie bereits im Ruhestand und zehren von Ihrem Ersparten. Sie müssen nicht mehr ausrechnen, wie viel Sie wofür zur Seite legen. Was Sie jetzt brauchen, sind gute Ratschläge zur Art der Anlagen, die Sie in Betracht ziehen sollten, um mit dem vorhandenen Kapital regelmäßig ordentliche Erträge zu erwirtschaften. Die geeigneten Anlageformen finden Sie im ersten Abschnitt des folgenden Kapitels und in Kapitel 7 über Anleihen. Legen Sie aber immer einen Teil Ihres Geldes in Aktien an. Damit diversifizieren Sie Ihr Portfolio, sichern seine Stabilität und schaffen Wachstumspotenzial.

Kapitel 4

Diversifizierung

Katrin dachte immer, ihre Geldanlagen seien ausgewogen – schließlich investierte sie in sieben verschiedene Fonds. Damit sei, fand sie, der Diversifizierung Genüge getan und das Verlustrisiko dank der breiten Streuung ziemlich gering. Bis sie sich eines Tages – weil die Kurse ihrer Fonds um vergleichbare Prozentpunkte abgesackt waren – die Fondsprospekte genauer ansah und feststellte, dass alle denselben Anlageschwerpunkt hatten: Aktien kleinerer und mittlerer Unternehmen. Von wegen Diversifizierung!

Was hat es mit diesem Zauberwort, das manchmal nach Allheilmittel klingt, auf sich? Diversifizieren heißt, nicht alles auf eine Karte zu setzen, oder, wenn Sie sportliche Vergleiche mögen: mehrere Pferde ins Rennen zu schicken, und zwar möglichst auf verschiedenen Rennbahnen und in verschiedenen Disziplinen – Galopprennen, Trabrennen, Distanzreiten, Vielseitigkeitswettbewerbe ... Je breiter Sie Ihre Gelder streuen, desto geringer wird das Risiko. Wenn die Aktien steigen, fallen Rentenpapiere, und umgekehrt. Selten laufen beide Marktsegmente gleich gerichtet. Wenn die Aktien fallen, die Immobilienpreise hingegen steigen, sind Sie fein raus, vorausgesetzt, Sie haben einen Teil Ihres Vermögens in Wohneigentum oder Immobilienfonds gesteckt. Freilich setzt das bereits einen gewissen Wohlstand voraus. Trotzdem: Diversifizieren sollten Sie von Anfang an. Verschieben Sie es auf keinen Fall auf die Zeit, wenn Sie reich sind – es könnte zu spät sein.

Aber wie sollen Sie es anstellen, damit es Ihnen nicht geht wie Katrin? Die richtige Mischung muss her, das Depot, das einen gesunden, ruhigen Nachtschlaf garantiert und gleichzeitig davor bewahrt, gelb zu werden vor Neid, weil man damals nicht wie der Kollege im Kegelclub diese tolle Neuer-Markt-Aktie gekauft hat, die heute beim Zwanzigfachen des damaligen Kurses angelangt ist. Innerhalb von vier Monaten, versteht sich.

Wenn Sie weder mit einem potenziellen Totalverlust noch mit ultramageren Renditen leben mögen, sollten Sie sich zunächst genau überlegen, wofür und warum Sie Geld anlegen, welche Beträge also in welchen Anlagekategorien angespart oder – falls dieser erste Schritt bereits hinter Ihnen liegt – investiert werden sollen. Anders gesagt: Machen Sie Ihre Hausaufgaben und arbeiten Sie Kapitel 3 durch! Anschließend sollten Sie die ermittelten Beträge innerhalb der jeweiligen Kategorie verschiedenen Anlageformen zuordnen. In allen fünf Kategorien stehen Ihnen mehrere Möglichkeiten offen, und diese sollen jetzt im Überblick aufgeführt werden. Soweit sie nicht in späteren Kapiteln ausführlich zur Sprache kommen, werden sie zudem kurz vorgestellt.

Die 1. Kategorie: Anlagen, die Ihr Kapital bewahren

Wie schon erörtert, trägt ein Notgroschen sehr zur inneren Gelassenheit bei. Falls der Ernstfall eintritt, können Sie weder lange Wartezeiten, bis das Geld frei wird, noch einen akuten Wertverfall verkraften. Deswegen müssen Gelder in dieser Kategorie vor allem zwei Bedingungen erfüllen: Liquidität und Sicherheit. Hier sind also kurze Laufzeiten beziehungsweise sofortige Kündbarkeit und Wertbeständigkeit gefragt. Beide Faktoren gehen zu Lasten der Rendite. Neben dem klassischen Sparbuch, bei dem man jedoch auf die Kündigungsfristen bei höheren Beträgen achten sollte und das zumindest derzeit mit extrem niedrigen Zinssätzen wenig attraktiv ist, bieten sich vor allem zwei Sparformen an: Geldmarktfonds (Näheres dazu in Kapitel 8) und Festgeld.

Festgeld

Diese Anlageform erfreut sich in den letzten Jahren ausgesprochener Beliebtheit. Sie ist leicht zu handhaben und weder mit Kosten noch mit Kündigungsfristen verbunden. Festgelder sind zudem selbst dann sicher, wenn die betreffende Bank Konkurs anmelden sollte: Dann springt der Einlagensicherungsfonds ein. Ein Nachteil ist der hohe Mindestanlagebetrag, der sich in der Regel um die 5000 Euro bewegt. Hier lohnt es sich jedoch zu vergleichen und zu verhandeln, die Banken haben durchaus Spielraum. Sie orientieren sich an Betragshöhe und Anlegezeit: Je höher die Summe und je länger die Verweildauer, desto mehr können Sie für sich herausschlagen. Die Schwellen für bessere Bedingungen liegen meist bei 15000 Euro und dann wieder bei 25000 Euro.

Der Festgeldvertrag legt Anlagebetrag, -dauer und Zinssatz fest. Aber bei mehrmonatigen Laufzeiten muss man aufpassen! Oft enthalten die Unterlagen eine Klausel, nach der sich der Vertrag automatisch verlängert, wenn der Kunde der Bank nichts Gegenteiliges mitteilt. Deswegen sollten Sie schon bei Vertragsabschluss planen, wann Sie kündigen müssen – sonst kommen Sie nicht an Ihr Geld. Besser, Sie vereinbaren von vornherein eine feste Laufzeit, nach der die Summe automatisch wieder frei wird.

Bei Festgeldern muss es nicht die Hausbank sein. Besonders Direktbanken bieten hier oft günstige Konditionen. Die aktuellen Konditionen erfahren Sie problemlos am Telefon oder im Internet.

Die 2. Kategorie: Anlagen, die Ihnen Einkünfte bringen

Es kann vorkommen, dass Sie von Ihren angelegten Geldern leben wollen oder müssen – etwa, weil Sie inzwischen in Rente sind oder früher aus dem Erwerbsleben ausscheiden möchten, sei es, dass Sie lange krank oder vorübergehend arbeitslos sind. Eine geschickte

Geldanlage kann Ihnen hier zu einem besseren, angenehmeren Leben verhelfen. Und dann gibt es noch Wünsche und Bedürfnisse: Vielleicht wollen Sie auf ein Eigenheim sparen, sich einen Wagen oder all die anderen Dinge leisten, die in Kapitel 3 angesprochen wurden. Diesen Zielen dienen viele Anlagemöglichkeiten: Bankprodukte, Bundespapiere und andere Anleihen sowie Standardaktien. Dazu kommen offene Immobilienfonds und Altersvorsorge-Fonds, über die Sie in Kapitel 8 nähere Informationen finden.

Alle diese Anlageformen sind mittelfristig zu sehen: Es kann arg ins Auge gehen, wenn Sie vorzeitig Kasse machen wollen – Schlechtwetterperioden an der Börse oder Strafzinsen können teuer werden.

Sparbriefe

Allen Sparbriefen gemeinsam ist die feste Verzinsung über einen bestimmten Zeitraum. Ansonsten haben Sie es hier mit einer äußerst vielfältigen Anlagemöglichkeit zu tun, vorausgesetzt, Sie können Beträge zwischen 250 und 2500 Euro – so hoch liegen die Mindestanlagesummen – erübrigen. Grundsätzlich gilt: Je länger Sie das Geld anlegen, desto höher die Zinsen. Und schon stehen Sie vor der Qual der Wahl. Die Laufzeiten reichen von einem bis zu zehn Jahren. Bei manchen Sparbriefen werden die Zinsen jährlich ausgezahlt, bei anderen hingegen wieder angelegt und mit verzinst (so genannte thesaurierende Papiere), bei wieder anderen vom Kaufpreis abgezogen (und bei Fälligkeit mit ausbezahlt; hier spricht man von abgezinsten Sparbriefen). Dann gibt es auch noch Modelle mit Zinstreppe, also jährlich steigendem Zinssatz. Um all diese Varianten vergleichen zu können, benötigen Sie den Effektivzins. Er allein sollte Ihr Entscheidungskriterium sein.

Der größte Nachteil der Sparbriefe ist, dass sie nicht vor Fälligkeit zurückgenommen werden. Wenn Sie vorzeitig an Ihr Geld wollen: Pech gehabt! Diese Anlageform empfiehlt sich also nur dann, wenn Sie den Betrag während der Laufzeit tatsächlich nicht benötigen.

Sparpläne

Auf diesem Feld denken sich die Produktstrategen der Banken und Sparkassen komplizierte Werke und klingende Namen aus: Wachstums- oder Zuwachssparen, Extra- oder gar Turbosparen mit und ohne Dynamisierung, das heißt einer regelmäßigen prozentualen Erhöhung der Einzahlungen. Immer geht es darum, über einen längeren Zeitraum, meist acht bis 25 Jahre, Monat für Monat einen bestimmten Betrag zu überweisen. Zugegeben, die Beispielrechnungen für die verschiedenen Laufzeiten, die die Bankenmitarbeiter aus der Schublade ziehen, wirken beeindruckend. Doch damit sind die Gemeinsamkeiten auch schon erschöpft.

Gerade bei langfristigen Sparplänen ködern Banken und Sparkassen die Kunden gern mit Bonusversprechungen von 40 oder gar 110 Prozent. Stellen Sie die Gretchenfrage: Worauf wird der Bonus gezahlt? Denn die Rendite ergibt sich erst aus der – womöglich noch variablen – Grundverzinsung und dem Bonus und ist deswegen für unterschiedliche Angebote nur schwer zu vergleichen. Auch hier hilft nur eins: Erfragen Sie den Effektivzins des jeweiligen Angebots.

Generell gilt: In Zeiten niedriger Zinsen sollten Sie keine langfristigen Sparverträge mit festem Zinssatz abschließen. Hier heißt es flexibel bleiben. In Hochzins-Phasen lohnt es sich hingegen durchaus, sich satte Renditen durch lange Laufzeiten über viele Jahre zu sichern.

Bundespapiere

Alle der im Folgenden vorgestellten Bundespapiere haben zwei Vorteile: Sie können sie erstens bei der Bundesschuldenverwaltung hinterlegen. Dort entstehen Ihnen keine Kosten und Gebühren, die Sie sonst für Depot sowie Kauf und Verkauf berappen müssten. Zweitens haben Sie kein Risiko – schließlich ist die Bundesrepublik Deutschland ein erstklassiger Schuldner. Der Staat steht mit seinem Vermögen und Steueraufkommen für die Gelder gerade, letztlich also der Steuerzahler selbst. Außerdem bieten Bundespapiere eine akzeptable

Rendite und können zum Teil problemlos umgetauscht werden. Angenommen, die Zinsen steigen, dürfen Sie dann das weniger attraktive Papier verkaufen und erwerben stattdessen ein höher rentierliches – mit einem solchen Ansinnen würden Sie bei den privatwirtschaftlichen Banken auf Grundeis laufen! Zu den Bundespapieren zählen im Einzelnen Obligationen, Schatzbriefe und Anleihen.

Bundesobligationen

Wenn der Staat sich von seinen Bürgern Geld leiht, kann er gleich zwei Fliegen mit einer Klappe schlagen. 1979 wurden Bundesobligationen als Daueremission eingeführt, und zwar mit dem ausdrücklichen Ziel, »der Vermögensbildung breiter Bevölkerungskreise« zu dienen. Technisch läuft das Verfahren so, dass der Bund eine Emission mit einem bestimmten Ausgabekurs und einem bestimmten Zinssatz auflegt und ungefähr ein halbes Jahr einem bestimmten Käuferkreis anbietet: Privatpersonen und Einrichtungen, die gemeinnützigen, mildtätigen oder kirchlichen Zwecken dienen. Wenn die Emission verkauft ist, wird eine neue aufgelegt und die vorherige an den Geregelten Markt gebracht. Dort ist ihr Käuferkreis unbeschränkt.

Nach fünf Jahren und sechs Monaten ist das Papier fällig und wird zurückgezahlt. Wenn Sie eine solche Obligation erwerben, müssen Sie aber nicht so lange warten: Sie können Ihre Anteile ja jederzeit über die Börse verkaufen. Dabei fällt lediglich eine Verkaufsprovision an. Die Mindestanlage beträgt 100 Euro (bzw. 110 im Überweisungsverfahren), die Stückelung ist 0,01 Euro – Sie können hier also auch ganz krumme Beträge anlegen. Die Zinsen werden jährlich gezahlt. Da nach jeder verkauften Emission sofort eine neue aufgelegt wird, können Sie bequem einen Dauerauftrag einrichten – am besten, weil kostenlos, direkt bei der Bundesschuldenverwaltung oder bei der nächstliegenden Landeszentralbank – und die Bundesobligationen zum Ansparen einer bestimmten Kapitalsumme verwenden.

Bundesschatzbriefe

Zehn Jahre älter als Bundesobligationen sind Bundesschatzbriefe, die der Bund 1969 für Kleinanleger ebenfalls als jederzeit erhältliche Daueremission konzipierte. Charakteristisch für dieses Wertpapier ist die Zinstreppe: Der Zins steigt jedes Jahr nach einem festen Plan.

Bundesschatzbriefe werden in zwei Varianten ausgegeben: Typ A hat eine Laufzeit von sechs Jahren, die Zinsen werden jährlich überwiesen. Typ B dagegen läuft ein Jahr länger und weist die bessere Rendite auf, weil die Zinsen während der Laufzeit automatisch wieder angelegt und zusammen mit dem Kapital bei Fälligkeit ausbezahlt werden. Bundesschatzbrief B gehört damit zu den thesaurierenden Papieren. (Beachten Sie hier unbedingt die steuerliche Seite, nachzulesen in Kapitel 11.)

Obwohl beide Typen nicht an der Börse gehandelt werden, müssen Sie nicht warten, bis Ihnen Vater Staat Ihr Geld zurückgibt: Nach dem ersten Jahr können Sie jederzeit kündigen, allerdings innerhalb von 30 Tagen nur bis zu 10000 Mark, wenn Sie allein leben, und bis zu 20000 Mark, wenn Sie verheiratet sind (umgerechnet 5112,92 Euro beziehungsweise 10225,84 Euro; anders als bei den Bundesobligationen waren diese Beträge während der Arbeit am vorliegenden Buch noch nicht umgestellt). Dieses flexible Rückgaberecht wird im Fachjargon »Gläubigerkündigungsrecht, das eine Verkaufsoption darstellt«, genannt und würde auf dem normalen Kapitalmarkt einen Abschlag auf die Verzinsung bedeuten. Die Flexibilität, die man so erlangt, ist ein nicht zu unterschätzender Vorteil. Und man kann bei Zinsanstiegen kostenlos umsteigen – auf eine neuere Serie Schatzbriefe oder andere Anlageformen.

Ursprünglich waren diese Bundespapiere nur für die Anlage von größeren Kapitalbeträgen gedacht. 1993 wurde der Mindestsparbetrag auf 100 Mark (das entspricht gut 50 Euro) herabgesetzt. Deswegen sind sie nun auch als Ansparanlage zum Vermögensaufbau interessant.

Bundesanleihen

Die Anleihen befriedigen den Bedarf nach langfristigen Wertpapieren, ihre Laufzeiten liegen zwischen zehn und 30 Jahren. Wie die Bundesobligationen werden sie an der Börse gehandelt und sind mit einem festen Zins ausgestattet, der jährlich ausgezahlt wird. Mindestanlage sind 100 Euro. Bundesanleihen werden regelmäßig als Einzelemissionen ausgegeben, je nach Kapitalbedarf des Staates. Die jeweilige Ausgabe ist auf dem Markt nur so lange erhältlich, bis die Emission untergebracht ist. Danach wird die Anleihe in den amtlichen Börsenhandel eingeführt und ist nur noch zum jeweiligen Tageskurs zu erstehen. Wie bei allen börsennotierten Anleihen kann es zu Kursschwankungen kommen, wenn man sie vor Fälligkeit verkaufen will. Hält man die Papiere aber bis zum Ende der Laufzeit, gibt es kein Kursrisiko.

Pfandbriefe

Peter besaß schon als kleiner Junge Pfandbriefe. Lange bevor er auch nur das Wort kannte, geschweige denn wusste, was es damit auf sich hat. Denn Peter verlor kurz nach seinem dritten Geburtstag durch einen Flugzeugabsturz beide Eltern, und der Vormund legte deren Vermögen vorschriftsmäßig in mündelsicheren Papieren an. Schließlich sollte das Erbe dem Junior bei Großjährigkeit ohne Wertminderung zur Verfügung stehen.

Pfandbriefe werden nicht vom Staat, sondern von privaten oder öffentlich-rechtlichen Kreditinstituten begeben. Erfunden hat sie Friedrich der Große 1771, und typisch preußisch sind sie bis heute: traditionell, grundsolide und – langweilig. Mit dem schillernden Charme so mancher ausländischer Staatsanleihe mit Renditen im zweistelligen Bereich können sie nicht aufwarten. Immerhin sind die bei Emission festgesetzten und jährlich ausgezahlten Zinsen in der Regel höher als etwa bei Bundesanleihen. Und auch wenn nicht der Staat dahintersteht – risikolos sind Pfandbriefe allemal. In diesem

Jahrhundert jedenfalls ist noch kein deutscher Pfandbrief ausgefallen.

Besichert werden sie – wie der Name schon sagt – durch ein Pfand, und Pfand bedeutet hier nichts anderes als das verbriefte Recht an Grund und Boden, also eine Hypothek. Deswegen geben nur Hypothekenbanken und öffentlich-rechtliche Grundkreditanstalten Pfandbriefe aus und finanzieren mit dem geliehenen Geld ihrerseits Hypotheken- und Kommunalkredite. Neben der erstklassigen Sicherheit dieser Kreditnehmer haften die Banken mit ihrem gesamten Vermögen.

Der Kurs von Pfandbriefen wird täglich an der Börse festgelegt und schwankt je nach Angebot und Nachfrage, der allgemeinen Zinsentwicklung des Kapitalmarktes und den Inflationserwartungen. Der für dieses Marktsegment zuständige Index heißt PEX. Durch den jederzeit möglichen Verkauf ist Flexibilität gewährleistet, die allerdings unter ungünstigen Bedingungen zu Lasten der Rendite, nicht jedoch zu Lasten des eingesetzten Kapitals gehen kann. Trotzdem, wenn möglich, sollte man die Papiere erst bei Fälligkeit einlösen. Mindestbeträge bewegen sich bei Einmalanlage in der Größenordnung von 2 500 Euro, bei Sparplänen sind es um die 50 Euro. Erwerben können Sie Pfandbriefe im Prinzip bei jeder Bank – doch zu unterschiedlichen Gebührensätzen. Deswegen gilt: Vergleichen Sie die Kosten. Es gibt sogar entgeltfreie Depots, bei denen aber zum Teil eine höhere Mindestsumme verlangt wird.

Unternehmensanleihen

Ferdinand ist in Siemens investiert, besitzt aber keine einzige Aktie des Elektrokonzerns. Wie das möglich ist? Ganz einfach: mit Anteilen an einer Unternehmensanleihe.

Immer mehr Organisationen gehen zur Geldbeschaffung an den Rentenmarkt. Mittlerweile ist auch in Deutschland ein Trend zu Corporate Bonds festzustellen. Konkurrenz belebt das Geschäft und erfreut den Anleger in diesem Fall mit attraktiven Renditen. Der so genannte Spread – das ist der Zinsaufschlag für das Mehr an Risiko im Vergleich zu den absolut sicheren Bundespapieren – dürfte noch wachsen. Und Risiko besteht durchaus auch bei großen und anerkannten Unternehmen, man denke nur an den Fall Philipp Holzmann. Aber solche spektakulären Konkurse oder Beinahe-Zusammenbrüche sind die Ausnahme. Prinzipiell sind Anleihen von Emittenten mit guter Bonität empfehlenswert, wobei die Kreditwürdigkeit von Rating-Agenturen festgestellt und mit Symbolen verdeutlicht wird (mit AAA beziehungsweise Aaa bezeichnen die bekanntesten Rating-Agenturen der Welt, Standard & Poor's und Moody's, höchste Qualität). Dabei spiegelt sich in der Höhe der Zinsen das Risiko der Anlage. (Lesen Sie zu diesem Punkt auch Kapitel 7.) Bei einem renommierten, soliden Unternehmen bekommt man sein Geld zu hundert Prozent zurück – plus der Rendite in Form von jährlichen Zinszahlungen, und man bleibt flexibel, denn Anleihen sind als börsennotierte Papiere jederzeit verkäuflich, wobei die Rendite bei vorzeitigem Verkauf vom Zinsumfeld abhängt: Sind die Zinsen gestiegen, muss man mit Abschlägen rechnen, sind sie gefallen, entsprechend mit Aufschlägen.

Standardaktien

Wer Aktien erwirbt, spekuliert. Es liegt einfach in der Natur der Sache: Mit dem Aktienkauf stellt man Vermutungen über die Zukunft der Aktiengesellschaft (abgekürzt: AG) an. In den Börsenkursen spiegeln sich die Erwartungen der Käufer und Verkäufer wider. Aktionäre sind Miteigentümer des Unternehmens, also an Gewinn und Verlust beteiligt. Das heißt auch: Sie tragen in der Höhe des eingesetzten Kapitals das unternehmerische Risiko mit.

Spekulation ist jedoch nicht gleich Spekulation. Es gibt ein Börsensegment, das bei vergleichsweise geringer Gefahr für Ihren Einsatz langfristig Wachstum verspricht: Standardaktien sind für ertragsorientiertes Investment gut geeignet. Als Auswahlkriterium bietet sich der Deutsche Aktienindex, kurz DAX, an. Hier sind die 30 umsatzstärksten deutschen Aktien zusammengefasst und damit über

60 Prozent des in Aktien angelegten Kapitals. Drei Viertel der an deutschen Börsen gehandelten Papiere sind DAX-Werte. Allein die Aufnahme in dieses Börsenbarometer bringt einem Unternehmen bereits vermehrte Beachtung ein. Trotz gewisser Schwankungen – immer mal wieder erfüllt ein Unternehmen die Voraussetzungen nicht mehr beziehungsweise ein anderes Unternehmen erfüllt sie besser, sodass ein Austausch vorgenommen wird – handelt es sich um namhafte, meist alteingesessene Konzerne mit Milliardenumsätzen. Diese 30 Standardwerte, deutsche Aktien mit höchster Qualität, werden auch Blue Chips genannt.

Doch mit dem Euro können deutsche Anleger ohne Währungsrisiko im gesamten Euroraum investieren. Man sollte also nicht nur die wichtigsten deutschen Aktien, sondern auch die wichtigsten europäischen Werte in seine Überlegungen einbeziehen – und sich an den Börsenbarometern orientieren, auf die ganz Europa schaut. Seit dem 26. Februar 1998 wird eine ganze Reihe europäischer Indizes veröffentlicht, die in der Stoxx-Familie zusammengefasst sind. Der Name entstand in Anlehnung an *stocks*, das englische Wort für Aktien. Mit vier Haupt- und 19 Branchenindizes wurde ein neuer Maßstab an Europas Börsen gesetzt. Richtete man sich früher nach Ländern, bestimmen nun eher die Branchen die Aktienauswahl innerhalb des europäischen Wirtschaftsraumes.

STOXX Limited ist ein Gemeinschaftsunternehmen der Deutsche Börse AG, des amerikanischen Verlagshauses Dow Jones sowie der SBF (Bourse de Paris) und der SWX (Swiss Exchange). Von den vier Hauptindizes ist einer für unser derzeitiges Thema besonders wichtig: der Dow Jones Euro Stoxx 50 oder kurz Stoxx 50, der 50 Euro-Standardwerte – die Branchenführer nach Marktkapitalisierung und Börsenumsatz bezogen auf ein Land – herausfiltert. Daneben gibt es den Dow Jones Stoxx 50, der die großen Standardwerte über den Euro-Raum hinaus in 16 europäischen Staaten ermittelt, die Blue Chips des alten Kontinents einschließlich Großbritanniens.

Bei den großen Unternehmen im DAX, Dow Jones Euro Stoxx 50 und Dow Jones Stoxx 50 hat der Anleger eine gewisse Sicherheit, hier droht in aller Regel kein Totalverlust des investierten Geldes. Trotzdem ist der Erfolg nicht garantiert, man sollte sich gründlich über die aussichtsreichsten Branchen informieren, den Kurs im Blick behalten und von Zeit zu Zeit die Zusammensetzung des Depots überdenken. Um Ihr Kapital zu erhalten, können Sie für jeden einzelnen Aktientitel eine untere Kursgrenze setzen. Und wenn ein Wert in den Keller rauscht: lieber schnell veräußern, sonst wartet man unter Umständen lange oder gar vergebens auf eine Erholung (wie die Beispielrechnung in Kapitel 1 ja bereits gezeigt hat).

Die 3. Kategorie: Anlagen, die deutlichen Kapitalzuwachs versprechen

In dieser Kategorie gibt es drei Möglichkeiten: Wachstumsaktien, Aktienfonds (siehe Kapitel 8) und Indexzertifikate. Zu Wachstumsaktien wird in den folgenden Kapiteln noch einiges gesagt, darum hier nur so viel: Dow Jones Euro Stoxx und Dow Jones Stoxx – ohne die Einschränkung auf die 50 umsatzstärksten Unternehmen – umfassen 326 Titel aus den elf Euro-Ländern beziehungsweise 666 europäische Aktiengesellschaften aus 19 Branchen und bieten damit eine Auswahlhilfe. In Zukunft wird der jeweilige Wirtschaftszweig immer wichtiger, bei einzelnen Segmenten könnte ein Boom anstehen, wie es in den letzten Jahren bei Internetwerten der Fall war. Auf jeden Fall dürfte sich ein Blick auf die Bereiche Biotechnologie, Technologie, Logistik, Telekommunikation, Medizin und Sport lohnen. Nur: Hier geht nichts ohne Information. Halten Sie sich auf dem Laufenden, erwerben Sie Branchenkenntnisse, sehen Sie ganz genau hin – wo, dazu im nächsten Kapitel mehr. Gerade das Beispiel der Internetwerte hat gezeigt, dass viel heiße Luft in den Kursen sein kann. Und: Verlassen Sie sich nie auf ein einzelnes Börsenmagazin, eine Fernsehsendung oder Ähnliches. Bilden Sie sich Ihr eigenes Urteil.

Aber nicht nur bei Wachstumsaktien, auch bei Fonds und Indexzertifikaten gilt: Hier handelt es sich um sehr volatile Anlageformen.

Sie sind je nach Stimmung und anderen Faktoren starken Schwankungen unterworfen und erfordern Zeit. Notfalls sollte man die Möglichkeit haben, Verluste auszusitzen, sonst lässt man besser die Finger davon. Erwischt man jedoch die richtige Aktie zur richtigen Zeit, sind außerordentliche Gewinne drin.

Indexzertifikate

Direktanlage in Aktien ist kostspielig und risikoreich, Investmentfonds verlangen Ausgabeaufschläge für das Management der Anlagen, bleiben aber sehr oft unter den Ergebnissen des Vergleichsindexes (bei einem Fonds, der in deutschen Aktien investiert, wäre dies der DAX): Da sind Indexzertifikate eine echte Alternative. Mit ihnen partizipieren Sie direkt an der Wertentwicklung eines Marktes, ohne die einzelnen Aktien selbst kaufen zu müssen.

Indexzertifikate sind Schuldverschreibungen der Banken, also Anleihen. Wie bei den anderen börsennotierten Wertpapieren dieser Art ist der Käufer Gläubiger und überlässt der Emittentin sein Geld leihweise, um es nach Ablauf einer bestimmten Frist zurückzuverlangen. Allerdings erwirbt er damit anders als bei den üblichen Anleihen keinen Anspruch auf Zinsen, sondern lediglich auf Rückzahlung am Ende der Laufzeit. Und deren Höhe richtet sich nach dem Wert des Indexes, an den das Zertifikat gebunden ist. Die Banken nutzen viele verschiedene Börsenbarometer, um solche Papiere anzubieten, und der Erwerber partizipiert damit an Gewinn und Verlust desselben.

Nehmen wir den DAX als Beispiel: Angenommen, Sie erwerben ein DAX-gebundenes Indexzertifikat, wenn der DAX bei 6 500 Punkten steht. Indexzertifikate haben in der Regel ein einfaches Bezugsverhältnis, etwa eins zu zehn oder eins zu hundert; Ausgabeaufschläge oder Verwaltungsgebühren fallen zumeist nicht an, lediglich das Entgelt für das Depot. Wenn Sie 650 Euro investieren, fließt das Geld komplett in das Zertifikat. Das Papier hat eine befristete Laufzeit. Steht der DAX nach Ablauf dieser Periode bei 7 800 Punkten, bekommen Sie für Ihr Zertifikat 780 Euro zurückgezahlt. Fällt er jedoch auf

6115 Punkte, erhalten Sie nur 611,50 Euro. Das ist dann auch der Nachteil im Vergleich zum Direkterwerb der Aktien: Wenn die Laufzeit mit einem Tiefstand an den Börsen zusammenfällt, haben Sie nicht die Möglichkeit, ein paar Wochen oder Monate zu warten, bis sich die Kurse wieder erholt haben. Indexzertifikate sind besonders in Zeiten einer Hausse ein zweischneidiges Schwert, denn niemand kann garantieren, dass die gute Stimmung am Aktienmarkt vorhält und zu weiteren Kurssteigerungen führt. Andererseits hielt der letzte Börsenaufschwung über Jahre an, und Pessimisten hätten sich da große Chancen vergeben.

Positiv ist, dass Sie ohne großen Aufwand stets wissen, wo Sie stehen – vorausgesetzt, Sie kaufen ein Zertifikat auf einen gängigen Index. Der Stand des DAX gehört inzwischen in jede Nachrichtensendung, auch über Änderungen in der Zusammensetzung berichten die Medien ausführlich. Indexzertifikate sind also eine recht transparente Angelegenheit. Außerdem kann man sie jederzeit an der Börse verkaufen.

Inzwischen gibt es »Open-End-Zertifikate«, das heißt, dass das Laufzeitende nicht von vornherein feststeht. Hier räumt die Emissionsbank dem Käufer einen jährlichen Rückgabetermin ein und behält sich selbst nach einer bestimmten Frist, etwa zwei oder drei Jahre, ein einseitiges Kündigungsrecht vor.

Die 4. Kategorie: Anlagen, die Sie vor der Inflation schützen

Das Kapital bewahren ist eins. Die Kaufkraft zu bewahren ist das andere: Es nützt herzlich wenig, wenn man zwar den Nominalbetrag über die Jahre gerettet hat, sich aber nur noch die Hälfte dafür kaufen kann. Das war besonders in den siebziger Jahren mit ihrer zweistelligen Geldentwertung augenfällig. Kam zum Beispiel eine Großmutter Mitte der sechziger Jahre auf die liebenswerte, wenn auch etwas altmodische Idee, für die Enkelin eine Aussteuerversicherung auf die stattliche Summe von 2000 Mark abzuschließen, deckte der Betrag, den das Mädchen im heiratsfähigen Alter ausgezahlt bekam, höchstens noch die Lebenshaltungskosten eines Monats. Hätte die Großmama hingegen einen Kredit aufgenommen und Brautkleid nebst Basisausstattung eines Haushalts abgestottert: rein finanziell wäre sie damit vermutlich besser gefahren. Mal abgesehen von möglichen Geschmacksdifferenzen – das soll natürlich keine Aufforderung zum Schuldenmachen sein, sondern nur das Prinzip verdeutlichen: Was man schon gekauft hat, kann sich nicht mehr verteuern.

Im Moment hat sich die Inflation in den meisten Industrieländern beruhigt. Aber niemand weiß, ob das so bleiben wird. Der Ölpreisanstieg Mitte/Ende 2000 hat deutlich gezeigt, wie überraschend sich das Blatt wenden kann. Wie kann man sich nun vor der Geldentwertung schützen? Im Prinzip mit jeder Anlageform, deren Rendite über der Inflationsrate liegt. Jedoch ist diesen fast immer ein mehr oder weniger starkes spekulatives Moment eigen. Wer dieses scheut, dem bleibt bei uns nur die »Flucht« in Sachwerte.

In den USA gibt es seit 1997 Staatsanleihen, die an den Verbraucherpreisindex und damit an die Inflation gebunden sind. Das heißt, dort kann ein sicherheitsbewusster Anleger Rentenpapiere kaufen, die ihm neben einer kleinen Rendite die Kaufkraft seines Geldes garantieren. Dieser Weg ist Anlegern und Anlegerinnen hierzulande verwehrt, weder auf deutscher noch auf europäischer Ebene werden solche Anleihen aufgelegt.

A Diamond is a Girl's Best Friend ...?

Gold – seit Jahrtausenden ist das kostbare Edelmetall Symbol für Reichtum und Macht. Im 19. Jahrhundert wurden die Währungen der entwickelteren Volkswirtschaften daran gebunden, der Goldstandard erst 1944 aufgehoben, der Goldpreis sogar erst am 18. März 1968 freigegeben. Seither lässt sich jede Spitze des Goldpreis-Charts mit einer Krise – bis hin zum Milleniumswechsel – verbinden. Nach einem gewaltigen Anstieg Ende der siebziger Jahre auf über 800 Dollar je Unze ging es jedoch, mit vielen Zwischenhochs, stetig bergab.

Gold ist wie andere Metalle oder Edelsteine, wie Rohstoffe überhaupt, hochspekulativ. Nur bei den Banken klingelt in jedem Fall die Kasse (bevorzugt vor Weihnachten und Ostern, denn noch immer werden Barren und Münzen gern verschenkt): Der Ankaufspreis liegt deutlich unter dem Verkaufspreis. Dazu kommen Lager- und eventuell Versicherungskosten (oder wollen Sie die Barren unterm Kopfkissen horten?). Außerdem ist das Währungsrisiko nicht zu verachten, denn Gold wird immer in US-Dollar gehandelt, der durchaus sinken kann, wenn der Goldpreis steigt, womit potenzielle Gewinne wieder vernichtet würden. Zinsen oder Dividenden gibt es auch nicht – also lassen Sie den Mythos des glänzenden Metalls lieber in einer Ausstellung über das Gold der Inkas auf sich wirken denn in Ihrem Depot. Als Inflationsschutz hat Gold ausgedient.

Wie gesagt: In Krisenzeiten steigt offenbar so mancher Anleger auf Gold um, und damit steigt auch der Preis je Feinunze. Bisher konnte man das regelmäßig bei weltpolitischen Erschütterungen wie etwa dem Golfkrieg beobachten. Wer gern auf Nummer sicher geht, kann Gold seinem Portfolio bis höchstens 5 Prozent beimischen. Gehandelt wird es in Barren von 10 Gramm bis 12,5 Kilogramm – je leichter der Barren, desto teurer das Gold, da die Verarbeitung aufwändiger ist. Außerdem gibt es Goldmünzen. Die wichtigsten sind der australische Nugget, der südafrikanische Krügerrand, der amerikanische Eagle, der Britannia und der kanadische Maple Leaf mit einem Goldwert von jeweils 22 Karat. Es gibt sie in Stücken von einer zehntel, einer viertel, einer halben und einer ganzen Unze.

Wohneigentum

Die Deutschen, so könnte man meinen, sind Immobilienmuffel. Jedenfalls ist in keinem anderen westeuropäischen Land die Quote der Wohneigentümer so niedrig: Nur 41 Prozent der Bürger in den alten, 26 Prozent in den neuen Bundesländern leben in ihren eigenen vier

Wänden. Ist es der finanzielle Kraftakt, der die Deutschen schreckt? Dabei steht der Wunsch nach einer eigenen Wohnung ganz oben auf der Liste der meisten Menschen. Und es sprechen nicht nur persönlich-emotionale Gründe dafür, sondern auch handfeste pekuniäre. Wohnraum ist und bleibt knapp: Grund und Boden können ohnehin nicht vermehrt werden, und die Nachfrage nach Wohnungen steigt durch die wachsende Zahl von Einpersonenhaushalten und die insgesamt sinkende Anzahl der Personen je Haushalt, aber auch durch Aus- und Übersiedler. Damit ist eine gut gewählte Immobilie auf jeden Fall eine solide Kapitalanlage, relativ unempfindlich gegen Konjunkturschwankungen und hinsichtlich der Wertsteigerung bislang immer über der Geldentwertung. Natürlich kennt auch der Immobilienmarkt Einbrüche, und im Einzelfall kann ein Objekt etwa durch eine Lageverschlechterung (sagen wir durch den Bau einer Autobahn in unmittelbarer Nähe) dauerhaft an Wert verlieren. Normalerweise jedoch garantiert Wohneigentum mittel- und langfristig stetige Wertsteigerung. Daneben gewährleistet es noch in einer zweiten Hinsicht Inflationsschutz: Wenn das Geld weniger wert wird, verringert sich auch die reale Finanzlast aus der Baufinanzierung – die Kreditsumme bleibt, während die Kaufkraft sinkt.

Die 5. Kategorie: Anlagen, die Ihnen Spekulationsspielraum bieten

Auch viele der in den vorigen Abschnitten vorgestellten Anlagen sind spekulativ. Aber das Spekulationspotenzial einer im DAX notierten Aktie ist nicht zu vergleichen mit einem Warentermingeschäft. Sie wissen nicht, was das ist? Dann lassen Sie die Finger davon! Denken Sie an Ihren Leitsatz: »*Werde ich mit meiner Anlagestrategie das Geld haben, das ich brauche, wenn ich es brauche?*« Gier ist ein schlechter Ratgeber.

Aber wenn Sie das nötige Kleingeld, die erforderlichen Kenntnisse und den Spaß am Nervenkitzel haben – warum nicht. Dann wissen

Sie ja, wann es bei Scheitern der Spekulation nicht nur um das eingesetzte Kapital geschehen ist, sondern so genannte Nachschusspflichten auf Sie warten. Auch das gibt es: Geschäfte, bei denen Sie dem Kontrahenten noch mehr Geld zahlen müssen. Doch der Reihe nach.

Derivate

Die hektischsten Börsenaktivitäten laufen am Terminmarkt mit Derivaten. Derivate sind abgeleitete Finanzinstrumente, also indirekte Geschäfte, denen Aktien, Devisen, Rohstoffe, Indizes, Anleihen und vieles andere mehr zugrunde liegen. Man kauft etwas, erhält es aber erst zu einem späteren, vorher vereinbarten Termin. Man versucht also, jetzt einen Preis zu zahlen, der zum Zeitpunkt der Einlösung übertroffen wird. Der Verkäufer spekuliert seinerseits darauf, dass der Preis sinkt: Er will sich gegen einen möglichen Preisverfall schützen.

Ihren Ursprung hatten solche Geschäfte in der Landwirtschaft beziehungsweise im Rohstoffmarkt – Produzenten von Getreide, Schweinebäuchen oder Öl suchten für ihre Produkte Abnehmer, die ihnen Preis und Absatzmenge garantierten. Auf solchen Geschäften lastet nicht nur die Sorge, dass der Abnehmer die Schweinebäuche bei Lieferung wieder loswerden muss, sondern auch ein Erfüllungsrisiko: Was, wenn die Schweinepest die Tiere vor der Zeit dahinrafft?

Solche Sorgen plagen Inhaber von Derivaten mit Finanzprodukten als Basiswert oder Underlying, wie der Fachausdruck heißt, nicht. Ihnen setzen eher Kursbewegungen zu – denn jedes Termingeschäft ist nur dann ein Gewinn, wenn die eigene Einschätzung der künftigen Wertentwicklung des Basiswertes auch wirklich eintrifft. Grundidee bei allen Derivaten ist, mit niedrigem Kapitaleinsatz (bei Kauf muss man nur einen Prozentsatz des Kaufpreises hinterlegen, den so genannten Margin) überproportional an der Wertentwicklung des Underlyings teilzunehmen. Genau diesem Hebeleffekt verdankt sich auch das überproportionale Risiko. Die wichtigsten Derivate sind Futures, Optionen und Optionsscheine.

Futures sind standardisierte Terminkontrakte mit eindeutig festgelegten Eigenschaften wie Größe, Art, Güte und Liefertermin. Sie können sich auf Finanztitel oder Waren beziehen. Die eine Vertragspartei verpflichtet sich, eine definierte Menge einer Ware (Rohstoff oder Finanztitel) einer festgelegten Qualität zu einem festgesetzten Preis an einen bestimmten Ort zu liefern. Die andere Vertragspartei verpflichtet sich zur Abnahme. Die tatsächliche physische Abnahme aus dem Kontrakt ist heute die Ausnahme; in der Regel wird das Geschäft durch Ausgleichszahlungen beendet.

Als Käufer einer *Option* erwirbt man das befristete Recht, aber nicht die Pflicht, den Basiswert, beispielsweise eine bestimmte Aktie, zu einem bestimmten Preis zu kaufen oder zu verkaufen. Wenn man auf steigende Preise beim Underlying spekuliert, ist der Long Call, also der Kauf einer Kaufoption das Instrument der Wahl. Im umgekehrten Fall entscheidet man sich für einen Long Put, den Kauf einer Verkaufsoption. Der Verkäufer oder Stillhalter hält die Gegenpositionen, Short Put oder Short Call. Optionen sind hinsichtlich des Basisobjekts, dessen Menge, des Verfallsdatums und in der Ausübung standardisiert, ihre Underlyings können Aktien, Währungen, Zinsen oder Indizes sein.

Optionsscheine waren ursprünglich Zugaben bei Optionsanleihen, mittlerweile haben sie sich verselbstständigt und zugleich zu einem sehr komplizierten Derivat gemausert – so kompliziert, dass sie den Rahmen dieses Buches sprengen. Wenn Sie einmal Lust und viel Zeit haben, fahnden Sie in Literatur und Internet, bei Freunden und Beratern nach dem Unterschied zwischen amerikanischer und europäischer Option, den verborgenen Qualitäten nackter Warrants, inneren Werten und Formeln des Kalibers Basispreis plus (Börsenpreis des Optionsscheins geteilt durch Bezugsverhältnis) minus aktuellem Aktienwert im Zeitpunkt t. Vergewissern Sie sich aber bitte vorher, dass Sie etwas gegen Kopfschmerzen im Haus haben.

Anlagen, die Sie meiden sollten

Es gibt Bereiche, die sollte man den Finanzhaien überlassen. Oder denen, die gern im Trüben fischen. Zu diesen Bereichen gehören – neben denen, von denen man nichts versteht, um das noch einmal zu betonen – auf alle Fälle Anlagen im so genannten Grauen Markt. Er ist unorganisiert, unreglementiert und ohne staatliche Aufsicht, kennt keine Standardisierungen bei Produkten oder Handel und lässt jede Transparenz vermissen. Damit ist er ein Tummelplatz für dubiose Anbieter, die Jahr für Jahr gutgläubigen Anlegern Milliarden aus der Tasche ziehen. Sie werben mit Steuersparmodellen oder nicht börsennotierten Aktien, die angeblich demnächst an der Börse zugelassen und dann im Wert stark steigen werden oder verkaufen per Telefon Termingeschäfte. Die Wahrscheinlichkeit, dass Ihnen wichtige Informationen vorenthalten werden, ist groß. Sehen Sie sich noch zwei Beispiele für Angebote des Grauen Kapitalmarktes an: Beteiligungssparpläne und Bankgarantien.

Beteiligungssparpläne

Dies ist die am häufigsten vertretene Anlageform am Grauen Kapitalmarkt. Der Anleger soll regelmäßig kleinere Beträge einzahlen und erhält dafür Beteiligungen an diversen Investments, beispielsweise an Immobilien, Fonds oder Unternehmen. Oft werden Renditen im zwei- bis dreistelligen Bereich versprochen. Aber das ist unrealistisch wegen der hohen Gebühren. Auch werden Kunden weder über die Risiken noch über mögliche Schwierigkeiten bei der Veräußerung der Anteile ausreichend aufgeklärt. Seien Sie misstrauisch, wenn der Anbieter einer Unternehmensbeteiligung kein vernünftiges Unternehmenskonzept und keine Bilanzen vorlegt. Kaufen Sie nichts, wenn der Verkäufer nicht genügend Informationen bereit hält oder Renditen vorrechnet, die in keinem Verhältnis zum offen gelegten Risiko stehen.

Bankgarantien

Vorsicht bei Begriffen wie »AAA-Zerobond«, »Bankgarantie auf Kapital und Ertrag« oder »Bank-to-Bank-Transactions«, die Seriosität suggerieren sollen! Bankgarantien sind bedingte oder unbedingte Zahlungszusagen einer Bank, die gegen Entgelt gegeben werden. Sie werden für verschiedene Zwecke eingesetzt, beispielsweise als Sicherheitsleistung anstelle einer Kaution. Bankgarantien sind von ihrer Natur her nicht handelbar. Findige Anbieter behaupten trotzdem, dass dafür ein »erstklassiger« Markt existiere, auf dem sich US-Banken kurzfristig refinanzierten und zu dem nur Banken sowie internationale und nationale Institutionen Zugang hätten. Dort seien dreistellige Renditen jährlich zu holen ...

Kapitel 5

Die Auswahl einzelner Aktien

Der milliardenschwere Investor Warren Buffett achtete auf den Wert, wenn er Aktien kaufte. Investment-Guru Peter Lynch, der einst das ungeheure Magellan-Depot von Fidelity verwaltete, suchte Unternehmen mit Wachstumspotenzial. Beide waren ausgesprochen erfolgreich und haben bewiesen, dass man Aktien nach verschiedenen Gesichtspunkten auswählen kann. Den Königsweg sucht man vergebens.

Jeder Anleger sollte über Grundkenntnisse zur Aktienauswahl verfügen. Eine recht einfache Methode, die in verschiedenen Varianten von vielen Profis eingesetzt wird, ist die Kombination aus Wachstums- und Wertstrategie, die Buffett und Lynch jeweils in Reinkultur vertreten haben. Judy Vale, Portfolio-Managerin bei Neuberger & Berman in New York, rät: Halten Sie Ausschau nach preisgünstigen Aktien von kontinuierlich wachsenden Unternehmen.

Ein Blick auf fundamentale Wertindikatoren

Je turbulenter und volatiler der Markt, desto schwieriger der Ansatz. Man muss sich viele Fragen zu den Geschäftsgrundlagen des Unternehmens stellen und dann noch ein wenig mathematische Analyse betreiben – so Vale. Wie sollen Sie dabei vorgehen?

Patentrezepte gibt es nicht. Viele professionelle Investoren schauen bei der Auswahl von Unternehmen auf mehrere Faktoren, darunter Umsatz- und Gewinnsteigerung, Cashflow und Reingewinn. Außerdem prüfen sie die Relation des Gewinns zu den gesamten Vermögenswerten – ein Verhältnis, das als Gesamtkapitalrentabilität bezeichnet wird.

Diese Zahlen sind aussagekräftig, weil der zukünftige Wert der Aktien eines Unternehmens von dessen Fähigkeit abhängt, Wachstum und Wohlstand zu erzeugen. Umsatz- und Gewinnsteigerung oder -rückgang sind mathematischer Ausdruck der Nachfrage nach dem Angebot eines Unternehmens. Eine eindrucksvolle Gesamtkapitalrentabilität – Vale verlangt hier mindestens 1 Prozent bei einem Finanzdienstleister und mehr als 8 Prozent in anderen Branchen –, zeigt, dass es seine Ressourcen effektiv einzusetzen weiß.

Beim Cashflow geht es darum, ob ein Unternehmen aus der betrieblichen Tätigkeit mehr Mittel generiert, als es ausgibt. Sie können daraus schließen, ob ein Unternehmen mit seiner Geschäftstätigkeit genügend Gewinn erwirtschaftet, um zukünftiges Wachstum zu finanzieren, ohne auf Fremdkapital oder die Ausgabe zusätzlicher Aktien zurückgreifen zu müssen. Beides kann für den Altaktionär von Nachteil sein.

Schließlich sollten Sie sich noch überlegen, ob das Unternehmen mit etwas handelt, das einzigartig und schwer nachzuahmen ist. Dann nämlich hat es gute Chancen, seine Stellung als Marktführer zu halten. Was ist nun einzigartig und schwer zu kopieren? Die Palette reicht von Produkten, die auf langfristig patentrechtlich geschützten Formeln beruhen, über Erzeugnisse, die extrem aufwändige technische Voraussetzungen erfordern, bis hin zu Waren, deren Herstellung besonders kapitalintensiv ist – Autos beispielsweise oder Flugzeuge.

Hat ein Unternehmen diesen Test bestanden, sollte der potenzielle Anleger feststellen, ob die Aktien billig oder teuer sind. Dieser Schritt der Analyse stützt sich meist auf das Kurs-Gewinn-Verhältnis, kurz KGV. Das ist ein Maßstab für die Beziehung zwischen dem Aktienkurs und dem auf jede einzelne Aktie entfallenden Gewinn. Ein Unternehmen mit einem Gewinn je Aktie von zwei Euro im Jahr, dessen Papiere für 20 Euro gehandelt werden, hätte ein KGV von 10. Der

Aktienkurs entspricht, anders ausgedrückt, dem Zehnfachen des jährlichen Gewinns je Aktie.

Bei der Betrachtung dieser Zahlen sollte dem Anleger stets klar sein, dass es kein ideales KGV gibt, das für alle Unternehmen gleichermaßen gilt. Stattdessen bewegt sich das KGV jedes Unternehmens innerhalb einer bestimmten Spanne. Bricht der Aktienkurs aus dieser Spanne aus, stellt sich die Frage, warum. Wenn sich eine Aktie verteuert, kann sie überwertet sein – oder das Unternehmen steht vor einer außergewöhnlichen Wachstumsphase. Fällt das KGV dagegen, kann das auf schlechte Zeiten hindeuten oder als Kaufsignal interpretiert werden.

Grob gesagt gilt für Wachstumsaktien, die ihre übliche KGV-Spanne sprengen: Kaufen, solange das KGV nicht über der jährlichen Wachstumsrate des Unternehmensgewinns liegt. Mit anderen Worten: Ein Papier, das normalerweise für etwa das Fünfzehnfache des Gewinns pro Aktie gehandelt wird, kann auch mit einem KGV von 20 noch ein Schnäppchen sein, wenn der Gewinn um 20 oder 25 Prozent im Jahr steigt.

Wie finden Sie nun die KGV-Spanne eines Unternehmens und eine Antwort auf die Frage, ob die Aktie über- oder unterbewertet ist? Es gibt zahlreiche Möglichkeiten. Viele Suchmaschinen im Internet haben eine eigene Rubrik »Finanzen«, in der auch Analystenmeinungen, Kursverlauf, Kennziffern und andere Informationen abgerufen werden können. Verschiedene Portale haben sich auf solche Nachrichten spezialisiert und bieten, teilweise kostenpflichtig, Finanzinformationen an. Unter dem Stichwort »fundamentale Kennziffern« liefert Ihnen der Online-Broker Consors unter anderem den Gewinn je Aktie sowie die KGV-Spannen für das laufende und das Folgejahr. Dort können Sie auch die Beziehung zwischen normalem KGV und Gewinnerwartung ganz deutlich erkennen.

Verlassen Sie sich jedoch bei der Aktienauswahl nicht ausschließlich auf das KGV. Wenn Sie Ihr Portfolio angemessen streuen möchten – ein Muss für jeden, der seine Risiken möglichst gering halten möchte –, so müssen Sie auch darauf achten, aus welchen Branchen die von Ihnen ausgewählten Werte stammen, und hier möglichst viele verschiedene Industriezweige berücksichtigen.

Haben Sie sich dann für bestimmte Papiere entschieden, müssen Sie nur noch ein Auge darauf haben, ob sie sich auch wunschgemäß entwickeln. Eine regelmäßige Analyse verrät Ihnen, wann Sie verkaufen und wann Sie besonders gute Aktien aufstocken sollten. Mehr darüber erfahren Sie in Kapitel 6.

So liest man einen Geschäftsbericht

Bei der Auswahl von Aktien zur langfristigen Anlage gehen Sie am besten in drei Schritten vor. Am Anfang steht die Überlegung, welche Branchen von langfristigen Trends wohl am meisten profitieren werden – etwa von der Globalisierung der Finanzmärkte, von der Altersstruktur der Bevölkerung oder von der Entwicklung der Technik. Ihr Geld sollten Sie dann in die Branchen investieren, die Ihnen besonders zukunftsträchtig erscheinen. Der zweite Schritt ist die Auswahl mehrerer – oder mehrerer Dutzend – Unternehmen innerhalb dieser Branchen, die Sie genauer betrachten möchten. Der dritte Schritt schließlich ist der schwierigste. Er beinhaltet die Analyse der Unternehmensfinanzen, aufgrund deren Sie die Spreu vom Weizen trennen.

Klingt schrecklich? Ist aber halb so schlimm, wie es sich anhört, denn die meisten Unternehmen stellen Ihnen die nötigen Informationen bereitwillig zur Verfügung. Sie müssen lediglich um die entsprechenden Unterlagen bitten und lernen, welche Zahlen die aussagekräftigsten sind.

»Viele glauben, mein Job sei ungeheuer kompliziert. Dabei ist es im Grunde ganz einfach«, erklärt Donna Takeda, stellvertretende Leiterin des Bereichs Wertpapier-Research und Wirtschaft bei Merrill Lynch & Co. in New York. »Eigentlich machen wir nichts anderes, als öffentlich zugängliche Papiere sorgfältig zu studieren. Darin ist mehr oder weniger alles enthalten, was man wissen muss.«

Das brauchen Sie

Zum Einstieg sollten Sie sich den Geschäftsberichts des Unternehmens besorgen. Dieses Dokument erhalten Sie normalerweise problemlos auf Anfrage bei der Aktionärsbetreuung (neudeutsch auch »Investors Relations«) des Unternehmens. (Sie können sich die Informationen auch aus dem Internet holen. Um sie direkt auf dem Bildschirm zu lesen, sind sie meist zu umfangreich, in der Regel wird es besser sein, wenn Sie sie herunterladen oder – bei PDF-Dateien nicht anders möglich – ausdrucken. Dann sollten Sie jedoch sicherstellen, dass Sie den kompletten Geschäftsbericht vor sich haben und nicht etwa eine gekürzte Fassung, in der möglicherweise wichtige Fakten fehlen.)

Der Jahresbericht zeigt, wie es dem Unternehmen im vergangenen Jahr und davor ergangen ist. Und er gibt Aufschluss über den Charakter des Unternehmens und sein Management.

Ja, auch Unternehmen haben Charakter, der normalerweise von dem Mann oder der Frau an der Spitze geprägt ist. Kenntnisse über diese Persönlichkeit – ob sie aggressiv, innovativ, egoistisch oder traditionsbewusst ist – können es Ihnen erleichtern, den zukünftigen Unternehmenserfolg einzuschätzen.

Werfen Sie also einen Blick in den Jahresbericht. Er ist ansprechend gestaltet, mit Bildern und Grafiken illustriert und soll das Unternehmen im besten Licht darstellen. Darauf kommt es aber nicht an. Der Jahresbericht ist gesetzlich vorgeschrieben und muss bestimmte Finanzdaten enthalten, deren Ermittlung von unabhängigen Wirtschaftsprüfern kontrolliert wird und auf deren vollständige und fristgerechte Veröffentlichung die Börsenaufsicht achtet. Diese Zahlen – und nur diese Zahlen – sind wichtig. Erst in zweiter Linie werden dann auch die Erläuterungen seitens des Managements und andere Texte im Geschäftsbericht interessant.

Ihr Ansatzpunkt

Daraus folgt: Fangen Sie nicht vorne an und lesen sich bis hinten durch. Nein, blättern Sie, bis Sie den Vergleich »ausgewählter Finanzdaten« über fünf oder zehn Jahre entdecken. Diese Grafik zeigt, wie sich der Umsatz, das Betriebsergebnis, der Reingewinn, der Gewinn je Aktie und die Bilanzdaten, darunter Aktiva, Passiva und Netto-Umlaufvermögen, in dem entsprechenden Zeitraum entwickelt haben.

Beginnen Sie nun, indem Sie die Werte vergleichen. Teilen Sie die Umsatzzahlen des aktuellen Jahres durch den Vorjahresumsatz und ziehen Sie vom Ergebnis 1 ab. So ermitteln Sie den Umsatzzuwachs und erhalten einen Anhaltspunkt, ob die Produkte des Unternehmens stärker nachgefragt wurden.

Ebenso verfahren Sie mit dem Betriebsergebnis (das ist der Gewinn vor Steuern und außerordentlichen Aufwendungen oder Erträgen, die immer dann anfallen, wenn etwa ein ganzer Unternehmensbereich verkauft wurde und der Jahresüberschuss deswegen sehr viel höher ausfällt als normal), mit dem Nettogewinn je Aktie und mit dem Netto-Umlaufvermögen (aus dem Netto-Umlaufvermögen finanzieren Unternehmen ihr Wachstum). Diese Berechnungen führen Sie mit allen Zahlen des langfristigen Vergleichs durch und erhalten so eine Trendlinie.

Prüfen Sie auch, wie viele langfristige Schulden oder Verbindlichkeiten das Unternehmen im Verhältnis zu Eigenkapital und Vermögenswerten hat. Auch hier sollten Sie die Zahlen in ein kleines Diagramm einstellen, damit Sie sehen, ob das Unternehmen Schulden ab- oder aufbaut und ob sich die Verschuldung im normalen Rahmen bewegt.

Einige Seiten vor oder nach dem Mehrjahresvergleich finden Sie die Kapitalflussrechnung. Sie verrät, wie viel Geld hereinkommt und wie viel ausgegeben wird. Eine weitere Übersicht, die mit »Betriebsergebnisrechnung« oder »konsolidiertes Betriebsergebnis« überschrieben ist, zeigt, wofür dieses Geld verwendet wird – für Forschung und Entwicklung oder für Gemein- und Verwaltungskosten?

Fließen die Mittel in dieselben Bereiche wie in der Vergangenheit, oder hat sich hier etwas verändert?

Wenn Sie all diese Zahlen studiert haben, drängt sich vermutlich die eine oder andere Frage auf. Sieht alles gut aus, wollen Sie sicher wissen, ob dieser Trend anhalten wird. Hat das Unternehmen größere Summen aufgenommen, interessiert Sie, ob das an einer kräftigen Wachstumsphase liegt, die die Ertragslage deutlich verbessern könnte, oder an prekärem Geldmangel. Weicht ein Aufwands- oder Ertragsposten drastisch von der Norm ab, sollten Sie den Grund dafür erfahren, damit Sie entscheiden können, ob dies nun ein gutes oder ein schlechtes Zeichen ist.

Die Antworten auf diese Fragen finden Sie wahrscheinlich auf den ersten Seiten des Geschäftsberichts. Dort stoßen Sie zum einen auf den Aktionärsbrief, verfasst vom Vorstandsvorsitzenden oder Präsidenten der Firma, zum anderen auf den Lagebericht der Firmenleitung, in dem die finanzielle Situation und das Betriebsergebnis diskutiert und analysiert werden.

Hier erläutert das Management, wie sich das vergangene Jahr auf das Unternehmen und die den Wirtschaftszweig im Allgemeinen ausgewirkt hat, was das Unternehmen für die Zukunft erwartet und wie es sich auf die Veränderungen innerhalb der Branche einstellt. An sich sollte hier jeder Bilanzposten, der Ihnen aufgefallen ist, angesprochen werden. Falls nicht, werten Sie das als Warnzeichen.

Der letzte Schritt

Zuletzt müssen Sie noch auf die »Fußnoten« zum Jahresabschluss achten. In diesem Anhang finden Sie Erläuterungen zu Bewertungs- und Abschreibungsmethoden, zu wesentlichen Schätzungen oder anderen Grundannahmen, die den Zahlen im Geschäftsbericht zugrunde liegen. Stehen maßgebliche juristische Schritte bevor, sollten diese ebenfalls kurz umrissen sein, einschließlich der Hintergründe und der möglichen Risiken. Gehen Sie einfach mit gesundem Menschenverstand an die Informationen heran. Kommt Ihnen etwas spanisch vor, haken Sie nach, indem Sie sich entweder anschauen, wie solche Dinge in anderen Unternehmen gehandhabt werden, oder durch einen Blick in den Bericht eines Analysten.

So kommen Sie in Finanzberichten den wichtigen Zahlen auf die Spur

Wie entscheiden Sie nun, ob eine Aktie ein guter Kauf ist? Auch hier gibt es keine verbindlichen Regeln, doch das folgende Arbeitsblatt liefert Ihnen Anhaltspunkte. Der Ansatz basiert auf der Annahme, dass Kursgewinne Zuwächse bei Umsatz und Gewinn eines Unternehmens widerspiegeln. Um jedoch zu ermitteln, ob eine Aktie vom Standpunkt des Investors aus empfehlenswert ist, müssen Sie ein paar Fragen stellen und anschließend nur noch ausrechnen, ob der Preis angemessen ist.

Haben Sie dieses Arbeitsblatt ausgefüllt, vergleichen Sie das aktuelle Kurs-Gewinn-Verhältnis mit dem historischen. Liegt der aktuelle Wert darüber, schauen Sie sich an, in welchem Verhältnis die Gewinnsteigerung zur historischen Steigerungsrate liegt. Ist diese Steigerungsrate gleich oder niedriger als in der Vergangenheit, das KGV jedoch höher, ist die Aktie vermutlich überteuert.

Liegt die Gewinnsteigerungsrate über normal, darf auch das KGV höher liegen. Die Faustregel besagt, dass das KGV dem zu erwartenden Ertragszuwachs entsprechen soll. Mit anderen Worten: Auch ein KGV von 30 ist nicht zu hoch angesetzt, wenn das Unternehmen voraussichtlich 30 Prozent im Jahr wächst. Beachten Sie jedoch, dass zweistellige Zuwachsraten umso schwieriger zu erreichen sind, je größer ein Unternehmen ist. Kleinere Firmen können ihre Umsätze und Gewinne manchmal mehrere Jahre in Folge verdoppeln. Doch hat ein Unternehmen erst den Sprung von 10 auf 100 Millionen Euro Umsatz geschafft, verlangsamt sich das Wachstum in der Regel. Er-

Ist die Aktie ein Kauf?

1. Generiert das Unternehmen durch seine laufende Geschäftstätigkeit genügend Mittel, um die Kosten zu decken, die ihm aus dieser Tätigkeit entstehen? Die Antwort finden Sie in der Kapitalflussrechnung. Fällt sie negativ aus, muss das Unternehmen vermutlich Geld aufnehmen oder weitere Aktien ausgeben. Beides kann für den Altaktionär von Nachteil sein.
   ☐ ja ☐ nein
2. Hat das Unternehmen seinen Gewinn in der Vergangenheit kontinuierlich gesteigert? Erkennen Sie einen Aufwärtstrend, wenn Sie die Gewinne im Jahresvergleich betrachten, wie sie im Jahresabschluss ausgewiesen sind?
   ☐ ja ☐ nein
3. Wächst die Nachfrage nach den Produkten des Unternehmens?
   ☐ ja ☐ nein
4. Liefert das Unternehmen Produkte oder Dienstleistungen, die schwer nachzuahmen sind? Anders ausgedrückt: Verfügt es über eine Technik oder spezifisches Know-how, die ihm längerfristig eine führende Stellung innerhalb der Branche sichern?
   ☐ ja ☐ nein
5. Beträgt die Gesamtkapitalrentabilität 8 Prozent oder mehr, wenn es sich um ein Dienstleistungs- oder Industrieunternehmen handelt, beziehungsweise 1 Prozent oder mehr, wenn es sich um eine Bank, Spar- oder Darlehenskasse oder eine Versicherungsgesellschaft handelt? (Diese Kennziffer wird normalerweise im Jahresabschluss veröffentlicht. Fehlt sie, können Sie sie berechnen, indem Sie den Gesamtertrag des Unternehmens – nicht den Gewinn je Aktie – durch das Gesamtvermögen teilen.) Liegt die Gesamtkapitalrentabilität unterhalb dieser Werte, zeigt jedoch steigende Tendenz?
   ☐ ja ☐ nein

Haben Sie diese Fragen durchweg mit »ja« beantwortet, dann können Sie sicher sein, dass Sie ein gesundes Unternehmen vor sich haben. Jetzt müssen Sie nur noch ermitteln, ob seine Aktien zu einem angemessenen Preis zu haben sind.

Dazu sollten Sie Folgendes ausrechnen:

Aktueller Kurs	Euro _______
Gewinn je Aktie pro Jahr	Euro _______
Kurs-Gewinn-Verhältnis (KGV) (Kurs dividiert durch Gewinn je Aktie)	Euro _______
Historisches KGV*	Euro _______
Prognostizierte Gewinnsteigerung*	_______%
Historische Gewinnsteigerung*	_______%

* Diese Angaben bekommen Sie von Ihrer Bank oder finden Sie bei Online-Brokern und Direktbanken. Aber bitte vergleichen!

reicht der Umsatz die Milliardenmarke, sind die Zuwachsraten deutlich geringer. Eine Gewinnsteigerung um 10 Millionen Euro ist schon schwierig genug, eine Gewinnsteigerung um 1 Milliarde Euro im Jahr grenzt an ein Wunder.

So finden Sie Finanzdaten im Internet

Seit Donna Takeda Anfang der siebziger Jahre an der Wall Street angefangen hat, hat sich vieles verändert. Seinerzeit war der Nachrichtenticker der Gipfel der technischen Errungenschaften. Er spuckte einzeilige Mitteilungen über Gewinne und Verluste je Aktie aus, wenn die Unternehmen ihre Zahlen veröffentlichten. Es dauerte Wochen, bis diese Werte in die Berichte der Analysten eingeflossen waren, die erst dann den Anlegern zugestellt werden konnten.

Wollten Takedas Kunden den aktuellen Kurs einer Aktie erfahren, so mussten sie anrufen oder in einem Maklerhaus den Ticker beobachten – eine elektronische Nachrichtentafel, die Trades ein paar

Minuten nach ihrem Abschluss angibt. Auch wenn ein Kunde Aktien kaufen oder verkaufen wollte, musste er seinen Makler anrufen. Jede Transaktion kostete zwischen 100 und 500 Euro Provision. Ein paar Tage, manchmal auch eine Woche später erhielt der Kunde dann eine schriftliche Bestätigung, die angab, wie viel er für seine Aktie bezahlt oder bekommen hatte.

Heutzutage ist Frau Takeda über Unternehmenszahlen detailliert informiert, sobald sie veröffentlicht werden, und mit ihr jeder kleine Anleger, der einen Computer besitzt. Sie wollen den aktuellen Kurs einer Aktie abfragen? Dazu müssen Sie lediglich ein paar Tasten drücken. Alles, was Sie zum Handeln brauchen, ist ein Computer, ein Konto, ein Modem und natürlich das nötige Kleingeld. Die happigen Provisionen von damals sind inzwischen bei so manchem Discount-Broker auf einstellige Euro-Beträge geschrumpft. (Sicher gibt es Makler, die mehr berechnen, doch Sie müssen keinesfalls mehr für jeden Trade ein kleines Vermögen hinblättern.) Der Auftrag ist oft bereits ausgeführt und bestätigt, noch bevor Sie die Verbindung trennen.

»Jeder hat in etwa die gleichen Chancen, denn der Privatanleger erfährt Neuigkeiten ebenso schnell wie wir«, sagt Frau Takeda. »Wir alle haben Zugang zu denselben Informationen. Die Aufgabe besteht nun darin, sie möglichst nutzbringend auszuwerten.«

Wo finden Sie im Internet Unternehmensdaten, wo können Sie sich informieren? Dutzende von Websites bieten alles Mögliche an, von den Geschäftsberichten der Unternehmen bis hin zu detaillierten technischen Analysen einzelner Aktien. Inzwischen dürfte jede Aktiengesellschaft im Netz präsent sein, viele hinterlegen in der Rubrik »Investor Relations« den Jahresabschluss und andere Informationen zur Kursentwicklung. Praktisch jedes Kredit- oder Finanzdienstleistungsinstitut hat auf seiner Homepage eine Börsenecke mit mehr oder minder ausführlichen Analysen. Bei einigen Adressen kann man sein Portfolio registrieren lassen und die Entwicklung auf Minutenbasis verfolgen.

»Es ist alles da«, bestätigt Frau Takeda. »Die meisten Analysten bedienen sich heute des Internets, es ist eine äußerst nützliche Informationsquelle. Und dabei suchen wir uns im Grunde dieselben Informationen zusammen.« Durchstöbern Sie also nach Herzenslust die Portale von Banken (konventionellen wie virtuellen) und Online-Brokern, Finanzdiensten und Nachrichtensendern, Zeitungen wie dem *Handelsblatt* und einschlägigen Magazinen.

Doch bevor Sie mit Hurra im Meer elektronisch gespeicherter Informationen surfen: Nehmen Sie bitte nicht alles für bare Münze. Nicht jede Nachricht ist seriös. Schließlich kann jeder jede beliebige Mitteilung ins Netz stellen. Selbst bei offensichtlichen Fällen für den Staatsanwalt ist man häufig erst hinterher klüger. Es hat bereits eklatante Betrugsfälle gegeben. Kaufen Sie niemals allein anhand von Internet-Informationen, überprüfen Sie die Angaben! Auch seriöse Anbieter schließen jede Haftung für die auf ihrer Webseite präsentierten Daten aus: Bei Eingabe- oder anderen Fehlern haben Sie allein den Schaden.

Einige ausgewählte Internetadressen:

- Die Deutsche Börse: www.exchange.de
- Ausführliche Informationen bieten Online-Broker: www.consors.de, www.comdirect.de
- Suchmaschinen bieten fast immer eine Finanzrubrik, zum Beispiel: www.de.finance.yahoo.com
- Sehr ausführliche Informationen, unter anderem zu Fundamentaldaten und Hintergründen: www.onvista.de
- Deutsches Aktieninstitut: www.dai.de
- Deutsche Schutzvereinigung für Wertpapierbesitz: www.hauptversammlung.de
- Vereinigte Wirtschaftsdienste: www.vwd.de

Technologiewerte

Am Anfang dieses Kapitels haben wir uns damit befasst, wie die Rahmendaten den Aktienkurs beeinflussen. Vergessen Sie für einen Moment alles, was Sie darüber wissen, damit wir uns über eine sehr markante Ausnahme von der Regel unterhalten können: Internet-Aktien. Viele Unternehmen dieser Branche können weder Gewinne noch Managementerfahrung oder andere fundamentale Wertindikatoren vorweisen. Sie haben einzig und allein Potenzial – und Kurse, die bis zum Frühjahr 2000 allem Anschein nach in den Himmel wuchsen.

Die Internet-Manie

»Dot-com«-Aktien hatten bis dahin einen derartigen Aufschwung genommen, dass so mancher Experte von einer Manie sprach – einem Zustand, bei dem jegliche vernünftige Marktbetrachtung vorübergehend aussetzt. Gewinnt die Vernunft dann wieder die Oberhand, setzt eine drastische Abwertung ein und zieht Millionen unerfahrener Anleger in den Abgrund, die Internet-Aktien eingekauft haben, ohne sich über deren tatsächlichen Wert im Klaren zu sein – so Michael Murphy, Herausgeber des *California Technology Stock Letter* und Autor von *Every Investor's Guide to High-Tech Stocks & Mutual Funds.*

»Das Internet hat zwei Seiten«, sagte er. »In der realen Welt führt es zu einem grundlegenden Wandel unserer Geschäftstätigkeit, in der Welt der Finanzen ist es eine einzige Luftblase.«

Gegenwärtig, nachdem die Internet-Werte seit dem Frühjahr 2000 in einem Crash auf Raten dramatisch an Wert verloren haben, sieht es so aus, als habe er Recht behalten.

Andere Marktkenner vertraten die Ansicht, dass sich Internet-Firmen so stark von konventionellen Unternehmen unterscheiden – Unternehmen, die über Gebäude, Filialen und Verkaufsstellen verfügen –, dass ihre hohe Bewertung durchaus gerechtfertigt sei. Selbst die, die den Internet-Werten eher ablehnend gegenüberstanden, hielten die Nachfrage nach Aktien dieses Segments nicht für völlig abwegig. Während solche Marktmanien etwa im Holland des 17. Jahrhunderts dazu geführt hatten, dass Anleger horrende Preise für Tulpenzwiebeln bezahlten, stand hinter dem jüngsten Run der Glaube, dass das Internet die Welt verändern wird. Tulpen verblühen, doch das Internet sprengt Zeit und Raum und erleichtert Kundenansprache, Kommunikation und Geschäftstätigkeit. Mochten die Aktien auch hoch bewertet sein, das eine oder andere Unternehmen würde ganz bestimmt Erfolg haben und seine Aktionäre reich machen.

Wie teuer waren Internet-Aktien auf dem Höhepunkt des Booms? Gewöhnliche Aktien werden für das Zehn- bis Dreißigfache ihres aktuellen Gewinns je Aktie gehandelt, haben also ein KGV von 10 bis 30. Demgegenüber erzielten nicht wenige Internet-Werte das *Hundertfache* ihres zu erwartenden Gewinns und noch viel mehr, sie hatten nicht selten dreistellige KGVs.

»Ist nun ein KGV von 90 – oder 300 – zu viel für eine Aktie von America Online? Nein«, fand Alexander C. Cheung, Manager des Monument Internet Fund, bevor die Blase platzte, und wies auf die immense Gewinnsteigerung des Unternehmens hin. »Amazon.com existiert erst seit fünf Jahren. Können wir ein solches Unternehmen nach denselben Maßstäben bewerten wie Barnes & Noble oder Wal-Mart? Wohl kaum.«

Allerdings war und ist sich die Fachwelt einig, dass viele Internet-Aktien nicht überleben werden. Cheung etwa rechnete schon vor dem Kursabschwung damit, dass mindestens die Hälfte der damaligen Spitzenreiter im Internet-Segment binnen fünf oder zehn Jahren Konkurs anmelden würden. Welche Unternehmen werden überleben und welche nicht? Schwer zu sagen. Denken Sie nur an die Diskussion um Amazon.com, die Buchhandlung mit CD-Abteilung im Internet. Die Umsätze des Unternehmens sind zwar rasant angestiegen, doch ebenso die Verluste. Seit seiner Gründung im Jahr 1994 hat es mehr als 1,2 Milliarden Dollar in den Sand gesetzt.

Doch die Anleger legten fleißig nach. Im November 1999 turnte die Aktie mit der Wertpapierkennnummer 906 866 auf über 100 Euro hoch (Allzeithoch: 107 Euro). Danach aber sackte die Aktie von Amazon.com Inc. im Verlauf des Jahres 2000 bis auf 13 Euro ab. Auch an US-Börsen taumelte sie von ihrem Höchststand (113 Dollar) immer nur in eine Richtung: abwärts. Anfang 2000 legte sie bei 60 Dollar eine Verschnaufpause ein, doch selbst damit hatte das Verlustunternehmen eine Marktkapitalisierung – der Wert aller im Umlauf befindlichen Aktien – von über 20 Milliarden Dollar.

Warum waren die Anleger so scharf auf diese Aktie, obwohl andere Unternehmen weit besser wirtschafteten? Dazu Cheung: »Sie müssen das Unternehmenskonzept in Betracht ziehen, nicht das Unternehmen allein.«

Das Dot-com-Unternehmenskonzept

Amazon hatte Anfang 2000 etwa zehn Millionen Kunden. Das war zwar im Vergleich zum Vorjahr ein ordentlicher Zuwachs, stellte jedoch lediglich einen Bruchteil der rund 125 Millionen Nutzer des Internets dar. Und die Zahl der Internet-Nutzer steigt vermutlich mit atemberaubender Geschwindigkeit.

Wenn Amazon sich parallel dazu entwickelt, wird es Ende 2002 25 Millionen Kunden haben, bei zwei Milliarden Dollar Umsatz, schätzt Cheung. Doch Amazon will weit höher hinaus. Das Unternehmen verliert deshalb zurzeit so viel Geld, weil es zum absoluten Marktführer avancieren will: Es möchte seinen Namen so verbreiten, dass jeder automatisch auf Amazon klickt, sobald er an Bücher denkt. Das Unternehmen gibt ein Vermögen für Werbung, Übernahmen und Service aus, um sich einen loyalen Kundenstamm zu sichern. Gleichzeitig erweitert es sein Angebot, um den Bekanntheitsgrad des Namens, die Infrastruktur und damit die Umsätze zu steigern. Zahlt sich diese Strategie aus, könnte Amazon ein ausgesprochen lukratives Unternehmen werden.

»Wenn es diese Position erreicht, dann sind exponentielle Gewinnsprünge drin«, spekuliert Cheung. »Normale Einzelhändler erreichen eine Umsatzrendite von 2 bis 4 Prozent des Umsatzes. Wer auf teure Anlagen und Gebäude verzichtet, kann mit 5 bis 6 Prozent rechnen.«

Andere wieder bezweifeln, ob Amazon es je in die Gewinnzone schaffen wird. Praktisch jeder, der über einen Computer, ein wenig Programmierpraxis und einen Draht zu den Verlagen verfügt, kann Bücher im Netz anbieten, gibt Alan F. Skrainka zu bedenken, leitender Marktanalyst von Edward Jones in St. Louis. Wenn man Waren wie Bücher, CDs oder Finanzprodukte an den Kunden bringen und den eigenen Marktanteil ausweiten wolle, sei der einfachste Weg zur Vergrößerung des eigenen Marktanteils, die Konkurrenz zu unterbieten. Für den Konsumenten sei das von Vorteil, für die Gewinne unter Umständen katastrophal und damit letztendlich auch schlecht für die Aktionäre, sagt er.

»Möglicherweise wird sich das Internet schon bald als Profitkiller erweisen«, unkte auch Skrainka vor dem Absturz. »Unternehmen, die sich nur durch Kampfpreise über Wasser halten, werden auf dem virtuellen Markt für ihre Aktionäre keine Gewinne erzielen.«

Börsenbrief-Herausgeber Murphy stimmte zu. Er rechnete damit, dass etablierte Buchhändler wie Barnes & Noble, die bereits im Web präsent sind, und weitere Anbieter, die dieses Marktsegment in Kürze erschließen wollen, Amazons Marktposition bald schon gefährden würden. Außerdem sei der Konsument über das Internet so leicht zu erreichen, dass sich vielleicht auch Verlage zum Direktverkauf entschließen, so Murphy. »Amazon wird vermutlich nie Geld verdienen«, sagt er. »Die könnten ihren Namen auch gleich in Amazon.org ändern.« (»Org« ist das Internet-Kürzel für Organisationen ohne Gewinnstreben.)

Während sich die Experten streiten, bleibt es dem Anleger überlassen, welchem Lager er sich anschließt – der Kreis derjenigen, die so überzeugt sind, dass sie ihr Erspartes in die Aktien von Unternehmen investieren möchten, die über nichts anderes als Potenzial verfügen, ist allerdings seit dem Frühjahr des letzten Jahres fürs Erste geschrumpft.

Eine Alternative

Wenn Sie Internet-Aktien für den falschen Weg halten oder sich nicht zutrauen, die potenziellen Gewinner herauszupicken, dann entspricht Ihnen vielleicht ein alternativer Ansatz. Manche Fachleute glauben, dass man am elektronischen Handel verdienen kann, ohne sich tatsächlich in Dot-com-Aktien zu engagieren. Wie? Nun, Sie investieren rund ums Web – oder warten einfach eine Weile ab.

Vielleicht interessieren Sie sich für ein Versandunternehmen wie Federal Express oder UPS oder für Unternehmen, die Drucker herstellen wie Hewlett-Packard, oder für Telefongesellschaften wie MCI WorldCom oder für Unternehmen im Softwaresektor wie Informix oder Oracle.

Wieso? Unter denen, die im kalifornischen Goldrausch reich geworden sind, waren nur wenige Goldsucher. Das große Geschäft haben diejenigen gemacht, die den Goldsuchern Pfannen und Jeans und Nahrungsmittel verkauft haben. Sie könnten sich also für Unternehmen entscheiden, die am Internet verdienen, ohne im eigentlichen Sinne Internet-Firmen zu sein. Dafür sprechen zwei Gründe: Zum einen haben die Aktien von Dot-com-Firmen ihren Boden noch nicht gefunden – und man bedenkt heute viel ernsthafter, dass nur wenige der Spitzenreiter von heute auch morgen noch gut im Geschäft sein werden. Zum anderen sind sie durch die rasante Entwicklung von Technik und Wettbewerb auf dem elektronischen Markt nach wie vor großen Risiken ausgesetzt. Wer heute noch Marktführer ist, kann morgen schon zu den Verlierern gehören. Unternehmen, die den elektronischen Handel unterstützen, werden dagegen Gewinne machen, solange es noch Firmen gibt, die sich im Internet-Geschäft tummeln.

Überlegen Sie sich einmal Folgendes: Voraussetzung für die Eröffnung einer Internet-Firma sind ein Computer, ein Modem und ein Telefonanschluss. Will eine solche Firma etwas verkaufen, ob Bücher oder Kleidung oder Plastikfigürchen, so muss sie die Ware irgendwie zum Kunden befördern. Das erfordert Verpackung und Versand – Standard oder Express. Wächst ein solches Unternehmen, so wird aller Wahrscheinlichkeit nach Software benötigt, um Aufträge, Kundendaten und Inventar zu verwalten.

Auch beim Konsumenten sind technische Voraussetzungen nötig, um am elektronischen Handel teilzunehmen – ein Computer, ein Modem und ein Telefonanschluss. Und, wo wir gerade dabei sind: Weil es im Web so vieles gibt, das man sich ausdrucken lassen kann, von Grußkarten über Fotos und Kunst bis hin zu Rezepten – vielleicht kauft sich der eine oder andere ja auch einen Drucker dazu. Einen passablen Farbdrucker bekommt man fast geschenkt – für weniger als 100 Euro, wenn man ihn mit dem Computer zusammen kauft. Die Tintenpatronen schlagen mit ungefähr 25 Euro pro Stück zu Buche. Und wer viele Karten druckt, der verbraucht Tinte wie Wasser an einem heißen Tag.

Internet-IPOs

Wie steht es nun mit den Börsenneulingen unter den Internet-Firmen? Die IPOs, Initial Public Offerings oder zu Deutsch die Erstemissionen von Internet-Aktien, waren Ende der neunziger Jahre der absolute Renner. Bereits am ersten Handelstag kam es oft zu abenteuerlichen Kurssprüngen. Da musste man doch mit von der Partie sein, oder?

Mit traditioneller Geldanlage in Aktien hatte das nichts mehr zu tun. Früher gingen Unternehmen an die Börse, wenn sie mit einer soliden Unternehmensbilanz aufwarten konnten und Gewinne auswiesen. Die Internet-Firmen, die in jüngerer Zeit gegründet wurden, hatten zu Anfang nicht viel mehr in petto als eine Idee und fromme Wünsche. Praktisch keine von ihnen erwirtschaftet Überschüsse. Manche können noch nicht einmal Umsätze vorweisen. Erfahrenes Management? Oft genug Fehlanzeige.

Auf einem herkömmlichen Markt hätten sich diese Unternehmen um Wagniskapital bemüht – bei reichen Investoren, die bereit sind, die Risiken auf sich zu nehmen für die Aussicht auf tolle Gewinne. Internet-Aktien dagegen waren bis vor kurzem so gefragt, dass der Kleinanleger in diese Rolle schlüpfte. Cheung argwöhnte, dass sich nur die wenigsten Investoren der immensen Risiken bewusst waren: »Wer Wagniskapital zur Verfügung stellt, hat normalerweise seine Hausaufgaben gemacht. Er steckt sein Geld nicht in eine Firma, weil ›die Zimmergenossin der Schwester meines Cousins erzählt hat, das sei ein tolles Unternehmen‹.« Risikokapitalgeber analysieren ein Unternehmen, um sein Potenzial zu ermitteln. Unternehmerisches Konzept und Management werden auf Herz und Nieren geprüft. Man informiere sich beim FBI über eventuelle Vorstrafen, ja, riefe sogar die Gymnasiallehrer des Firmenchefs an und lausche deren Urteil, witzelte Cheung. Und selbst dann rechnen Wagniskapitalgeber noch damit, bei drei von zehn Engagements Verluste einzufahren.

Privatanleger dagegen stürzten sich blind auf Internet-Emissionen, manchmal ohne die geringste Ahnung, was die betreffenden Firmen eigentlich tun, wie sie es tun und wer die Geschäfte leitet. Das war das Patentrezept für eine extrem hohe Ausfallquote. »Privatanleger sehen sich meist nicht als Kapitalgeber, sondern versuchen nur, eine schnelle Mark zu machen«, so Cheung. »Dabei stellen sie in Wirklichkeit Risikokapital bereit – ohne einen Schimmer, was ihnen blühen kann.«

Besonders gefragte Aktiengruppen zeigten bislang stets ein bestimmtes Entwicklungsschema, gibt Skrainka zu bedenken. Als in den siebziger Jahren die ersten Personal Computer auf den Markt kamen, waren alle hinter den »heißen« Computerfirmen her – Apple, Commodore und Eagle. Mit dem Boom der Biotechnologie Anfang der achtziger Jahre setzte der Run auf eine Fülle heute bedeutungsloser Firmen ein, die an Medikamenten gegen AIDS arbeiteten – darunter einige wenige wie Amgen und Genentech, die ihr Geld wert waren, wie sich zeigen sollte. Ein Anleger, der einstieg, als sich sowohl die Unternehmen als auch der Markt richtig etabliert hatten, hätte zwar an den Gewinnern nicht so viel verdient, doch er hätte auch kein Geld in den Sand gesetzt mit den Verlierern.

»Noch Anfang der achtziger Jahre hat nach Intel oder Dell kein Hahn gekräht«, erzählt Skrainka. »Alle haben sich nur für die Marktführer interessiert, für Commodore oder Osborne.«

Jeder träumt davon, auf dem Tiefpunkt groß einzusteigen. Doch Intel ging bereits 1971 an die Börse, Microsoft 1986 und Compaq 1982. Hätte man alle diese Werte erst 1990 gekauft, hätte man damit im Jahresdurchschnitt Renditen zwischen 400 und 37 Prozent erzielt – auch nicht zu verachten.

»Lassen Sie sich lieber Zeit, statt sich in euphorischen Zeiten spontan ins Getümmel zu stürzen. Warten Sie, bis sich abzeichnet, wer das Feld anführt«, rät Skrainka. »Sicher, ein paar Mark werden Ihnen dabei durch die Lappen gehen, doch Ihre Erfolgschancen steigen ungemein.«

Kapitel 6

Die Kunst, die Spreu vom Weizen zu trennen

Viele der erfolgreichsten Anleger Amerikas vertreten ein Credo: Gute Werte kaufen und halten. Der Investor und Milliardär Warren Buffett geht noch einen Schritt weiter. Er rät, gute Werte zu kaufen und »für immer« zu behalten.

Doch jeder macht mal einen Fehler. Zu wissen, wann man aufgeben und aussteigen sollte, kann ebenso wichtig sein wie der richtige Zeitpunkt zum Kauf. Selbst hartgesottene Profis im Investmentgeschäft räumen ein, dass Verkaufsentscheidungen äußerst heikel sind – zum einen aus psychologischen Gründen (niemand gibt gern zu, dass er sich geirrt hat), zum anderen aus praktischen (man muss sein Portfolio stets im Auge behalten).

»Die schwerste Übung ist wohl, den richtigen Zeitpunkt zum Ausstieg zu finden«, meint Ralph Bloch, technischer Analyst bei Raymond James Financial Inc. in St. Petersburg, Florida. »Die meisten Leute sitzen den Trend zu lange aus.«

Der Entschluss, wann – oder ob – etwas verkauft werden sollte, fällt jedoch leichter, wenn man sich einmal im Quartal hinsetzt und seine Investitionen einer gründlichen Prüfung unterzieht nach demselben Muster wie beim Kauf.

Achten Sie auf die Zahlen

Das können Sie mit einem Minimum an Zeit- und Arbeitsaufwand, wenn Sie die Quartalsberichte konsequent verfolgen, die jedes börsennotierte Unternehmen vorlegen muss. An ihnen können Sie die Entwicklung von Umsatz und Gewinn in den letzten drei Monaten ablesen. Der Quartalsbericht enthält darüber hinaus einen Brief des Vorstandsvorsitzenden, in dem kurz umrissen wird, welche Faktoren zum vorliegenden Quartalsergebnis beigetragen haben.

Der kluge Investor achtet hier nur auf ein paar wichtige Punkte wie Gewinn, Strategien und außerordentliche Posten. Was den Gewinn anbelangt, so interessiert sich der Anleger für den Reingewinn im Jahresvergleich. Man sollte stets mit dem entsprechenden Vierteljahr des Vorjahres vergleichen, da viele Unternehmen zyklischen Auf- und Abwärtsbewegungen unterliegen. So steigen die Gewinne im Einzelhandel regelmäßig durch das Weihnachtsgeschäft im letzten Quartal und fallen von Januar bis März wieder. Um das Wachstum des Unternehmens präzise zu messen, muss daher stets das vierte mit dem vierten und das erste mit dem ersten Quartal verglichen werden.

Bei diesem Vergleich kommt es darauf an, ob der Reingewinn in dem Maße gestiegen ist, wie Sie es erwartet haben. Wenn nicht, müssen Sie sich fragen, warum – egal, ob der Gewinn nun höher oder niedriger ausgefallen ist.

Hat ein einmaliges Ereignis wie der Verkauf einer Tochterfirma den Gewinn kurzfristig in die Höhe getrieben, wird ihn langfristig aber drücken? Oder ist das Unternehmen leistungsfähiger geworden, was dafür spricht, dass die Gewinne in Zukunft weiter steigen? Die Antwort auf diese Frage hilft Ihnen bei der Entscheidung, ob Sie die Aktie unverzüglich verkaufen, halten oder aufstocken sollten.

Bleibt der Gewinn hinter Ihren Erwartungen zurück, analysieren Sie in gleicher Weise. Ist der Einbruch darauf zurückzuführen, dass das Unternehmen neue Wachstumsinitiativen lanciert? Sind Nachfrageflaute oder neue Konkurrenten verantwortlich?

Die Antworten auf diese Fragen finden Sie gewöhnlich im Brief am Anfang. Haben Sie nach Durchsicht der Zahlen und nach der Lektüre des Berichts immer noch ein gutes Gefühl, was die Zukunftsaussichten des Unternehmens angeht, dann denken Sie an Warren Buffett und halten Sie fest, was Sie haben.

Und die Kursbewegungen?

Sollten Sie nicht erst die Aktienkurse prüfen, bevor Sie sich entscheiden, ein Papier zu halten? Selbst wenn die Rahmendaten des Unternehmens solide sind, könnte es doch durchaus sinnvoll sein, die Aktie abzustoßen, wenn der Kurs um einen bestimmten Betrag gestiegen ist?

Im Regelfall nicht. Verkaufen Sie, um einen Gewinn mitzunehmen, so fallen beim Verkauf gegebenenfalls Steuern an. Lesen Sie zur Frage der Spekulationsfrist Kapitel 11. Außerdem kosten der Verkauf selbst und der Kauf neuer Aktien ebenfalls Gebühren. Damit nach Steuern und Transaktionskosten noch Gewinn herausspringt, müsste die folgende Investition schon wesentlich lukrativer sein als die ursprüngliche. Daher raten erfahrene Anleger, die Tagesbewegungen zu ignorieren, solange man vom fundamentalen Wert einer Aktie überzeugt ist.

Doch Ausnahmen bestätigen die Regel – etwa die heiß begehrten Aktien der favorisierten Branchen. Die Kurse solcher Höhenflieger erreichen manchmal Werte, bei denen selbst der vernunftbetonteste Investor zu dem Schluss kommt, dass es sich lohnt, den Gewinn mitzunehmen und das Geld anderweitig zu investieren. Doch sogar wenn Sie das Glück haben, eine solche kurzfristige Wertsteigerung zu erleben, sind Sie unter Umständen durchaus gut beraten, auch diese Aktien noch ein paar Monate zu halten, wenn Sie damit die Spekulationsfrist umgehen können.

Wenn Ihnen allerdings die Gewinnsituation des Unternehmens Magenschmerzen bereitet und das Management Ihre Bedenken nicht zerstreuen kann, dann sollten Sie auf jeden Fall den Kurs beobachten, anhand der aktuellen Börsennotierung das Kurs-Gewinn-Verhältnis des Unternehmens berechnen und sich nach den Wachstumsaussichten erkundigen.

Wie in Kapitel 5 beschrieben, ist das Kurs-Gewinn-Verhältnis (KGV) ganz einfach zu ermitteln: Sie teilen den aktuellen Kurs durch den Gewinn je Aktie auf Jahresbasis. Liegt der Quotient unter dem projektierten Fünfjahreswachstum, sollten Sie die Aktie wahrscheinlich halten.

Liegt er hingegen darüber, könnte das auf einen Kursverfall hindeuten. Natürlich könnten Sie darauf hoffen, dass der Wert sich erholt. Fragen Sie sich aber besser vorher: »Könnte ich mein Geld anderswo besser investieren?« Damit einher geht natürlich noch eine zweite Frage: »Würde ich mein Geld heute wieder in dieses Unternehmen stecken?«

Bringt eine Aktie dürftige Erträge, sollte man ihr nur dann treu bleiben, wenn es keine attraktiveren Alternativen gibt. Ein Papier zu halten, weil man damit Verluste eingefahren hat und diese gerne ausgeglichen haben möchte, bevor man verkauft, bringt Sie nur noch weiter ins Hintertreffen – sagen jedenfalls die Experten.

Nehmen wir einmal Maria, die sich 100 Aktien der Gesellschaft XYZ Co. zu 10 Euro das Stück gekauft hat. Als der Kurs auf 7 Euro fällt, steht sie mit 300 Euro Verlust da. Sie entscheidet sich, am Ball zu bleiben und auf eine Erholung zu setzen. Fünf Jahre später erreicht der Kurs tatsächlich wieder die 10-Euro-Marke – doch wenn Maria glaubt, das sei ein Ausgleich, dann hat sie sich geirrt.

Hätte sie ihre Aktien fünf Jahre zuvor verkauft und die 650 Euro (700 Euro für die Aktien abzüglich 50 Euro Transaktionskosten – Steuern fallen nicht an, wenn kein Gewinn vorliegt) in ein anderes Unternehmen investiert, das im Jahr um 10 Prozent an Wert zugelegt hätte, hätte sie 1069,45 Euro gehabt. Wenn Maria nun statt 1000 Euro 100000 Euro angelegt hätte, dann waren es statt 69 Euro 6945 Euro gewesen, auf die sie verzichtet hätte. Mit anderen Worten, je mehr man angelegt hat, desto schmerzhafter wird es, Verlust bringende Aktien zu halten.

Die steuerlichen Auswirkungen eines Gewinn bringenden Verkaufs

Nun wissen Sie, dass Sie Verlust bringende Papiere abstoßen sollten. Doch wie steht es mit Aktien in der Gewinnzone? Hin und wieder erwischt ein Anleger ein Papier, das im Handumdrehen Rekordwerte erreicht.

Ein Beispiel: Wer Anfang 1999 in Qualcomm investiert hat, bekam die Aktie für 28 Dollar. Ende November notierte sie mit unglaublichen 372 Dollar. Die Analysten, die die Qualcomm-Aktie in den höchsten Tönen gepriesen hatten, als das KGV bei 40 lag, betrachteten die potenzielle Wertentwicklung des Unternehmens mittlerweile weniger optimistisch – die Aktie wurde mit einem KGV von 290 gehandelt.

Ein Anleger, der den Wert Ende 1999 noch kein ganzes Jahr in seinem Portfolio hatte, sollte vor dem Verkauf kurz auf den Kalender schauen. Denn: Wer Aktien verkauft, die sich weniger als zwölf Monate in seinem Besitz befunden haben und 1 000 Mark oder mehr an Gewinn gebracht haben, muss sie mit seinem persönlichen Einkommensteuersatz versteuern. Selbst wenn der Steuersatz nicht hoch ist, können leicht mehrere hundert Mark vom Gewinn flöten gehen.

Um uns das einmal vor Augen zu führen, wollen wir zwei fiktive Investoren und eine fiktive Aktie betrachten: Josef Birchler mit einem Einkommensteuersatz von 30 Prozent und Mathilde Gerhard, die 50 Prozent ihres Einkommens abführen muss. Beide haben am 10. Januar 1999 100 Beispiel-Aktien zum Kurs von 10 Euro gekauft. Im November wurde die Beispiel AG für stolze 300 Euro gehandelt. Damit hätten unsere Investoren 290 Euro Gewinn je Aktie.

Josef hat im November verkauft und den Gewinn versteuert. 8 700 Euro flossen ans Finanzamt. Hätte er bis 11. Januar gewartet, so hätte er keine Steuern zahlen müssen.

Und Mathilde? Sie hätte im November 145 Euro je Aktie an Steuern zahlen müssen. Aber sie hat am 20. Januar verkauft, ihr bleibt der volle Gewinn.

Nebenbei lässt sich an unserer Beispiel AG sehr schön zeigen, dass es noch andere Gründe geben kann, ein Papier zu halten. Angenommen, das Unternehmen führte Ende Dezember einen Aktiensplitt im Verhältnis vier zu eins durch und das hätte hier wie häufig zu einer Kurssteigerung geführt. Dann hätte es sich umso mehr rentiert, die paar Monate abzuwarten. Aber es kann natürlich auch anders kommen. (Lesen Sie zur Steuerproblematik im Einzelnen Kapitel 11.)

Kapitel 7

Investition in festverzinsliche Wertpapiere

Dank der Schwindel erregenden Höhenflüge des Aktienmarktes, insbesondere in jüngster Zeit, sehen inzwischen viele Menschen in Aktien eine lohnende Geldanlage. Das kann man von festverzinslichen Wertpapieren nicht behaupten. In den letzten Jahren war die Rendite wenig erfreulich. Wer sich langlaufende Schuldverschreibungen angeschafft hatte, um sich relativ stabile Gesamterträge zu sichern, ist böse enttäuscht worden. Obligationen mit mehrjährigen Laufzeiten hatten in den vergangenen drei Jahrzehnten ebenso viele Jahre mit negativem Gesamtertrag zu verbuchen wie die Aktien kleinerer Unternehmen, die lange Zeit als spekulativste und volatilste der traditionellen Anlageformen im Inland galten.

Trotzdem gehören Schuldverschreibungen – oder zumindest einige festverzinsliche Wertpapiere, von langlaufenden Industrieanleihen bis hin zu kurzfristigeren Bundesschatzanweisungen, Geldmarktpapieren und Einlagenzertifikaten – in das Portfolio eines jeden Anlegers. Warum? Nun, festverzinsliche Wertpapiere sind auf bestimmte Ziele besser ausgerichtet als jede andere Investition. Und trotz der weit verbreiteten Ansicht, Geldanlage sei ein Wettbewerb mit hohen Einsätzen, bei dem gewinnt, wer den meisten Gewinn erzielt, sollten Sie an Ihren Leitsatz denken. Für Sie geht es nur darum, zum richtigen Zeitpunkt über die nötigen Mittel verfügen zu können.

Tatsache ist, dass Aktien zwar langfristig betrachtet höhere durchschnittliche Jahresrenditen erwirtschaftet haben als jede andere Finanzanlage, doch zum kurz- und mittelfristigen Parken von Mitteln nicht geeignet sind. Aktienkurse vollführen innerhalb von kürzeren Zeitspannen wilde Kapriolen. Manchmal bleiben sie auch über längere Phasen – über fünf bis fünfzehn Jahre – am Boden. Wenn Sie das angelegte Geld gerade in dieser Zeit benötigen, dann haben Sie Pech gehabt.

Kenneth J. Taubes, einer der Verantwortlichen für die Rentenabteilung bei Pioneer Investment Management in Boston, hält festverzinsliche Werte für das Mittel der Wahl bei kurz- und mittelfristigen Sparzielen, und zwar aus einem ganz einfachen Grund: Neunzig Prozent ihres Ertrages liegt im »Kupon«, dem Zins, der auf den ursprünglichen Anlagebetrag gezahlt wird, nicht etwa in dem Kursanstieg. Damit sind sie – wie in Kapitel 4 schon besprochen – perfekt geeignet für alle, die mit ihrem angelegten Geld Erträge erwirtschaften möchten, um ihr monatliches Einkommen aufzubessern. Und sie sind das ideale Anlageinstrument für denjenigen, der einen bestimmten Betrag ansparen will, um in rund fünf Jahren ein bestimmtes Vorhaben zu verwirklichen.

Das Sortiment der Festverzinslichen

Welches festverzinsliche Wertpapier Ihren persönlichen Bedürfnissen am besten entspricht, hängt von Ihrem Einkommen und den Umständen ab. Industrieanleihen erwirtschaften interessante Renditen, sind aber nicht ohne Risiko. Pfandbriefe bieten bei mehr Sicherheit weniger attraktive Zinsen. Kommunalobligationen oder Bundesanleihen gewährleisten Ihnen umfassende Sicherheit für Ihr Kapital, wenn Sie sie bis zur Fälligkeit halten.

Wenn dreißigjährige Staatsanleihen mit rund 6 Prozent Zinsen ausgestattet werden, kann man für Industrieschuldverschreibungen 8 Prozent und mehr bekommen, je nach Kreditwürdigkeit des Unternehmens, die sich in seinem Rating niederschlägt. Mehr Ertrag bedeutet mehr Lebensstandard. Es ist schon ein Unterschied, ob Ihnen auf Ihre angelegten 100000 Euro pro Jahr 6000 Euro, 8000 Euro oder gar 10000 Euro ausbezahlt werden. Ihnen muss jedoch bewusst sein, dass Industrieschuldverschreibungen mit größeren Risiken für Ihr Kapital verbunden sind. Schließlich ist es wahrscheinlicher, dass ein Unternehmen Probleme bekommen wird, seine Kredite zu bedienen, als die Regierung, die die Steuern anheben oder sich höher verschulden kann, wenn ihr das Geld ausgeht.

Daher raten einige Experten, in Industrieanleihen nur über Investmentfonds zu investieren, die eine breitere Streuung gewährleisten und von professionellem Management und von ihrer Marktstellung profitieren. (Geraten Unternehmen, die Schuldverschreibungen begeben haben, in Schwierigkeiten, ziehen sie oft die wichtigsten Investoren hinzu, um einen Rückzahlungsplan auszuarbeiten. Der Einzelanleger wird in solchen Fällen kaum eingeladen, und selbst wenn, so würde ihm doch die Kenntnis und die nötige Marktposition fehlen, um diese Chance zu nutzen.)

Bei all diesen Anlagemöglichkeiten darf man nur eines nicht vergessen: den Steuerfreibetrag. Seit dem Jahr 2000 darf ein Alleinstehender maximal 3000 Mark Zinsen steuerfrei einnehmen, Ehepaare das Doppelte. Alle darüber hinausgehenden Kapitaleinkünfte werden mit dem persönlichen Steuersatz versteuert. Lesen Sie dazu weiter in Kapitel 11.

Ihre Investition in festverzinsliche Wertpapiere sollten Sie deswegen in Abhängigkeit von der gewünschten Laufzeit sehen. Um Gelder zu »parken«, ist ein Geldmarktfonds geeignet (lesen Sie dazu Kapitel 8), Sie könnten sich aber auch für Bundespapiere mit passender Laufzeit entscheiden (Informationen dazu in Kapitel 4).

Gehören Sie zu den Anlegern, die ein höheres Ausfallrisiko verkraften? Dann können Sie Ihre Erträge mit riskanten Fonds steigern, die in Junk Bonds investieren. Junk Bonds sind spekulative Anleihen, die oft von stark verschuldeten Unternehmen begeben werden. Bevorzugen Sie dagegen eine möglichst sichere Anlageform, halten Sie sich an Staatspapiere mit kurzen Laufzeiten – solche, bei denen Sie Ihr Kapital nach längstens fünf Jahren zurückbekommen.

Viele Anleger sind gut beraten, wenn sie ihr Renten-Portfolio ähnlich breit streuen wie ihr Aktiendepot. Nehmen wir an, Sie verfügen über einen beträchtlichen Bestand an Festverzinslichen. Dann sollten sich darunter Junk Bonds und internationale Schuldtitel, inländische Staatspapiere und vielleicht noch ein Anteil an Pfandbriefen befinden. Die Staatspapiere sichern einen Teil Ihres Anlagekapitals, die Junk Bonds treiben die Rendite nach oben.

Zur Diversifikation geeignete Rentenpapiere

Nehmen wir an, Sie haben kein kurzfristiges finanzielles Ziel, doch Sie liebäugeln damit, einen Teil – vielleicht 10 Prozent – Ihres Kapitals in festverzinsliche Papiere zu stecken, um zu diversifizieren. Gute Idee, finden Fachleute.

Als der amerikanische Aktienmarkt in den siebziger Jahren das letzte größere Tal durchwanderte, lag die Rendite von zweijährigen US-Schatzanweisungen – eine der hausbackensten festverzinslichen Anlageformen – ganze zehn Jahre locker über dem, was mit Aktien zu erzielen war. 1982, als die Zinsen nach historischen Höchstwerten zum Sinkflug ansetzten, wies der Aktienindex Standard & Poor's 500 gesunde 21,6 Prozent Ertrag aus. Doch die Rendite der dreißigjährigen US-Staatsanleihe fiel wesentlich höher aus – 43,6 Prozent –, denn die fallenden Zinsen hatten die Kurse dieser Papiere drastisch in die Höhe getrieben – so Joan Payden, Chef von Payden & Rygel, einer in Los Angeles ansässigen Anlageverwaltungsfirma. »Wir sind immer am stärksten von der jüngsten Vergangenheit beeinflusst«, meint Payden. »Doch irgendwann werden die Festverzinslichen den Aktien wieder den Rang ablaufen.«

Es sollte jedem klar sein, dass sich Festverzinsliche und Aktien durchaus gleichzeitig in dieselbe Richtung bewegen können, doch sie tun das selten mit der gleichen Geschwindigkeit. Manchmal entwickeln sich die Renditen von Aktien und Rentenwerten auch in die entgegengesetzte Richtung, ein Umstand, der sie zum idealen Gespann macht für alle, die ihr Portfolio vor Erschütterungen schützen möchten – Sinn und Zweck aller Diversifikationsbestrebungen.

Risiken

Wie verhalten sich nun Risiko und Ertrag von festverzinslichen Wertpapieren im Vergleich zu Risiko und Ertrag bei Aktien? Wer in Schuldverschreibungen investiert, verleiht im Grunde Geld an den Emittenten. Im Gegenzug verspricht dieser, das Kapital zu einem bestimmten Termin in der Zukunft zurückzugeben und während der Laufzeit des Schuldtitels einen festgelegten Zinssatz zu zahlen. Sie gehen also zweierlei Risiken ein – das Ausfallrisiko und das Zinsänderungsrisiko.

Das Ausfallsrisiko ist die Gefahr, dass der Schuldner – ob nun der Staat oder ein Unternehmen – in die Krise gerät und Kapital oder Zinsen ganz oder teilweise schuldig bleibt. Die Wahrscheinlichkeit, mit der dieses Szenario eintritt, ist je nach Anlageinstrument sehr unterschiedlich. Bundesschatzanweisungen und Regierungsanleihen tragen quasi kein Ausfallrisiko, da die Kreditwürdigkeit der USA oder der BRD außer Frage stehen. Das Ausfallrisiko von Anleihen hoch verschuldeter Unternehmen oder von Entwicklungsländern dagegen kann beträchtlich sein.

Da Risiko und Ertrag stets zusammenhängen, kann ein Anleger durch mehr Risikobereitschaft die Rendite eines Anleihe-Portfolios deutlich steigern, indem er einen Teil des Kapitals in Papiere mit vergleichsweise höherem Ausfallrisiko steckt. Im Allgemeinen bringen Junk Bonds und Schuldverschreibungen von Entwicklungsländern zwischen drei und zehn Prozentpunkte mehr als Schuldtitel der US-Regierung.

Das Zinsänderungsrisiko kommt zum Tragen, wenn Inflation und Zinsen steigen. Eine langlaufende Schuldverschreibung, in der Hochzinsphase Anfang der achtziger Jahre gekauft, rentiert besser als eine Anleihe, die man heute kaufen kann. Eine Schuldverschreibung, die in einer Niedrigzinsphase gekauft wird, bringt entsprechend weniger Ertrag. Daher wird die höher rentierliche Anleihe im Kurs steigen, der Kurs der niedriger rentierlichen wird dagegen fallen.

Um wie viel die Kurse hier nachgeben, hängt von der Laufzeit des Papiers ab – der Zeit, die dem Schuldner bleibt, bis er das Kapital zurückzahlen muss – und von der Differenz zwischen aktuellen Zinssätzen und Anleiherendite. Einer von der in New York ansässigen Fondsgesellschaft Oppenheimer durchgeführten Analyse zufolge sinkt der Schätzwert einer zweijährigen US-Schatzanweisung um 2 Prozentpunkte, wenn die Zinsen um 1 Prozentpunkt zulegen. Der Wert einer Anleihe mit zwanzigjähriger Laufzeit sinkt um rund 8 Prozent.

Wenn Sie in Rentenfonds investieren, die ihren Inventarwert täglich ausweisen, können Sie die Auswirkungen steigender Zinsen auf Ihre Fondsanteile unmittelbar verfolgen. Kaufen Sie dagegen festverzinsliche Wertpapiere direkt (was sich empfiehlt, siehe Kapitel 8), entgehen Ihnen diese Informationen, weil Sie den aktuellen Marktwert der Papiere nur auf Anfrage erfahren.

Kapitel 8

Investmentfonds

Bereits in Kapitel 4 wurde darauf hingewiesen: Investmentfonds sind ein probates Mittel, um das angelegte Vermögen zu diversifizieren. Warum? Weil die Manager dieser Anlageform schon von Rechts wegen zur Risikomischung verpflichtet sind. Diversifikation ist hier also Programm. In vielen Fällen wiegt dieser Vorteil die Nachteile – zusätzliche Kosten für das Management sowie Verwaltungsgebühren – mehr als auf. Gerade wenn man nur geringe Beträge langfristig anlegen kann, ist ein Fonds oft die einzige sinnvolle Möglichkeit zur Risikostreuung. Der zeitliche Aufwand hält sich in Grenzen, und die strengen gesetzlichen Auflagen gewährleisten, natürlich in Abhängigkeit von den Anlagezielen des gewählten Fonds, eine gewisse Sicherheit für Ihr Kapital: Hochspekulative Geschäfte dürfen nur unter Auflagen getätigt werden.

In diesem Kapitel sollen alle Fondsarten vorgestellt werden. Außerdem erfahren Sie, welcher Typus für welche Anlageziele geeignet ist und welche Wachstumschancen Sie erwarten dürfen, wie hoch das Risiko ist, wo Sie sich über Fonds informieren und wie Sie Anteile erwerben können.

Grundsätzliches

Investmentfonds wurden bereits um 1860 in Großbritannien erfunden, aber erst ab 1950 auch in der Bundesrepublik aufgelegt.

Die Grundidee ist einfach: Mehrere Investoren legen ihre Mittel zusammen und vertrauen sie einem Verwalter an. Dadurch können sie Mengenvorteile nutzen (es ist zum Beispiel je Anteil einfach preiswerter, 2000 statt 20 Aktien einer Gesellschaft zu erwerben) und sich an wesentlich mehr Gesellschaften beteiligen, als das einem einzelnen Privatanleger möglich wäre. Außerdem kann ein Manager, der sich den lieben langen Tag nur mit dem Markt und seinen Bewegungen befasst, schneller und kompetenter auf die Wechselfälle der Börse (des Immobilienmarktes, ...) reagieren.

In der Praxis hat sich dann gezeigt, dass zur Abwehr von Missbrauch sehr genaue Bestimmungen erforderlich sind. In den USA erlitten gerade Investment-Trusts während der Weltwirtschaftskrise so starke Verluste, dass Fondsanlagen dort für sehr lange Zeit jegliches Vertrauen verspielt hatten und sich erst mit einer rigiden gesetzlichen Neuregelung sowie einem neuen Namen – *mutual fund*, was so viel wie Fonds auf Gegenseitigkeit bedeutet – von diesem Schlag erholten. Der *Investment Company Act* von 1940 verpflichtet die Betreiber auf eng gefasste Publizitäts- und Bewertungsvorschriften und unterstellt sie der Aufsicht der *Securities and Exchange Commission*, kurz *SEC*. So reglementiert, nahmen die amerikanischen Investmentfonds vor allem nach dem Zweiten Weltkrieg gewaltigen Aufschwung und fanden in vielen westlichen Ländern Nachahmer.

In Deutschland sorgt das *Gesetz über Kapitalanlagegesellschaften*, kurz *KAGG*, für den Anlegerschutz. Es wurde 1957 verabschiedet, die letzte Änderung trat am 5. Oktober 1994 in Kraft. Da die umgangssprachlich *Investmentgesellschaften*, offiziell als Kapitalanlagegesellschaften bezeichneten Fondsbetreiber den Status von Kreditinstituten besitzen, gelten für sie außerdem die Vorschriften des Kreditwesengesetzes (KWG), über deren Einhaltung das Bundesaufsichtsamt für das Kreditwesen (BAKred) wacht, sofern das Unternehmen seinen Sitz im Inland hat. Zu diesen Vorschriften gehört die Bestimmung, dass die Finanzdienstleister, was die Rechtsformen betrifft, nur als Aktiengesellschaft (AG) oder Gesellschaft mit beschränkter Haftung (GmbH) firmieren dürfen und die Haftungssumme mindestens 5 Millionen Mark beträgt.

Das KAGG regelt unter anderem die Risikostreuung. Aktienfonds etwa müssen Papiere von mindestens 50 verschiedenen Ausstellern halten, dabei dürfen höchstens 5 Prozent des Fondsvermögens in einem Engagement gebunden sein. Gänzlich verboten sind Aktien von nicht an einer gängigen Börse notierten Unternehmen. Damit sind der ganze Graue Markt mit all seinen dubiosen Nischen oder nicht nachprüfbare Auslandsengagements tabu. Offene Immobilienfonds sind verpflichtet, nach einer Übergangsphase mindestens zehn Objekte zu betreiben, Neuerwerbungen sind auf maximal 15 Prozent des Fondsvermögens begrenzt. Um die Einlagen der Investoren beispielsweise vor einem Konkurs der Investmentgesellschaft zu schützen, müssen diese Gelder als Sondervermögen, also strikt getrennt vom Vermögen der Gesellschaft, geführt werden. Bei finanziellen Schwierigkeiten dürfen Verbindlichkeiten des Fondsbetreibers nicht aus dem oder den Fondsvermögen gedeckt werden. So steht es in Paragraph 6 KAGG: »Das Sondervermögen ist von dem eigenen Vermögen der Kapitalanlagegesellschaft getrennt zu halten.«

Für die nötige Transparenz sorgt die Bestimmung, dass eine Investmentgesellschaft die Kundengelder nicht im eigenen Haus verwalten darf, sondern eine unabhängige Depotbank damit beauftragen muss. Zu deren Aufgaben gehören die Ausgabe und Rücknahme von Anteilscheinen sowie gegebenenfalls Ausschüttungen an die Anteilinhaber, die Prüfung der vom Fondsbetreiber ermittelten börsentäglichen Ausgabe- und Rücknahmepreise und im Fall der Auflösung des Fonds die Rückzahlung an die Sparer. Sie erfüllt eine wichtige Kontrollfunktion, denn sie hat darauf zu achten, dass die gesetzlichen und die im Verkaufsprospekt angegebenen Anlagegrundsätze eingehalten werden. Dafür erhält sie eine Vergütung, die in Promille vom Fondsvermögen berechnet wird.

Im KAGG ist weiterhin geregelt, dass die Fondsgesellschaft einen bestimmten Prozentsatz der Mittel liquide zu halten hat. Diese Bestimmung ergibt sich aus der Rücknahmeverpflichtung: Die Gesellschaft muss garantieren, dass jeder Anteilinhaber seine Anteile jederzeit verkaufen kann. (Das ist beispielsweise bei so genannten marktengen Papieren nicht der Fall: Wenn Sie Aktien eines am Neuen Markt notierten, vergleichsweise unbekannten Unternehmens verkaufen wollen, kann es, selbst wenn Sie mit dem Preis stark heruntergehen, Wochen dauern, bis sich ein Abnehmer findet. Insofern ist diese Garantie je nach Marktlage mehr wert, als es auf den ersten Blick erscheinen mag.)

Wenn Sie ein Investmentzertifikat, also einen Fondsanteil erwerben, kaufen Sie eine prozentuale Beteiligung an dem entsprechenden Sondervermögen. Die Stückelung ist meist recht klein, normalerweise bewegt sie sich zwischen 50 und 100 Euro. Es ist aber nicht erforderlich, ganze Anteile zu kaufen: Einer der Vorteile des Investmentsparens liegt gerade in der Möglichkeit, mit einem gleichbleibenden Monats- oder Vierteljahresbetrag, der natürlich nie genau aufgeht, regelmäßig anzusparen. Dann werden Ihnen Bruchteile von Anteilen gutgeschrieben, und auf dem Depotauszug erscheint eine Zahl mit mehreren Stellen hinter dem Komma. Solche Sparpläne sind sehr flexibel: Sie können Raten beliebig aufstocken, erniedrigen oder aussetzen. Günstig ist zudem der Cost-Average-Effekt. Für denselben Betrag erhalten Sie mal mehr, mal weniger Anteile, je nach Kurs. Auch dieser Durchschnittspreis, den Sie letztlich pro Anteil bezahlt haben, senkt Ihr Risiko.

Der Wert eines Anteils richtet sich nach der Gesamtentwicklung des Sondervermögens, über die die Kapitalanlagegesellschaft jährlich einen Rechenschaftsbericht vorlegen muss. Ausgabe- und Rücknahmepreis richten sich also nur indirekt nach der Kursentwicklung der im Fonds gehaltenen Wertpapiere: Insofern diese durch Wertsteigerung oder -minderung das Sondervermögen vergrößern oder schmälern, beeinflussen sie auch den Wert der einzelnen Zertifikate.

Apropos Ausgabe- und Rücknahmepreis: Spätestens wenn Sie konkret nach einem Fonds suchen, wird Ihnen auffallen, dass der Preis, den Sie zahlen müssen, fast immer höher ist als der, den Sie erstattet bekommen. Meist beträgt die Differenz 5 Prozent, sie kann aber auch höher oder niedriger liegen. Diesen so genannten Ausgabeaufschlag berechnet die Fondsgesellschaft für ihre Dienstleistung. Als Nebeneffekt sorgt er für eine gewisse Verweildauer der Gelder, denn man muss schon eine gewisse Zeit rechnen, bis der Fonds nicht nur die Kosten, sondern auch noch Gewinn erwirtschaftet hat und sich ein Verkauf für den Anleger oder die Anlegerin lohnt. Woraus sich, nebenbei gesagt, auch der Anlagehorizont ergibt: Einige Jahre sollten es schon sein. Freuen Sie sich aber nicht zu früh, wenn Sie einen Fonds ohne Ausgabeaufschlag entdecken: Schauen Sie sich erst dessen Performance (das ist die Wertentwicklung, die leider meist ohne Gebühren berechnet wird) an – es könnte gut sein, dass Sie damit bereits den Grund für diesen erstaunlichen Verzicht des Anbieters kennen!

Neben dem Ausgabeaufschlag berechnen die Betreiber Verwaltungsgebühren, die bis zu 1 Prozent des Fondsvermögens erreichen dürfen (Genaueres erfahren Sie im Verkaufsprospekt), sowie die bereits erwähnte Vergütung für die Depotbank. Beide Posten werden intern abgerechnet, lassen sich also nicht am Depotauszug ablesen. Manche Banken erheben zusätzlich eine Provision, und alle verlangen eine Bearbeitungsgebühr, wenn Sie partout einen Fonds von der Konkurrenz haben wollen. Durch die Angebote von Direktbanken im Internet gibt es inzwischen auch die Möglichkeit, Anteile zu reduzierten Ausgabeaufschlägen zu erwerben. Nicht selten bietet die Mutterbank andere Konditionen als die Tochter im Netz – erkundigen Sie sich, handeln Sie gegebenenfalls. Der eine oder andere Händler kommt Ihnen womöglich lieber beim Ausgabeaufschlag entgegen, als Sie zur Konkurrenz ziehen zu lassen.

In der Investmentbranche sind thesaurierende Fonds üblich: Die Erträge werden automatisch und gebührenfrei wieder angelegt. Zins, Dividenden oder Mieteinnahmen werden nicht ausgezahlt, sondern fließen in neue Anteilsbruchteile des Sondervermögens – für die Betreibergesellschaft eine Möglichkeit, Gelder zu halten, für den Anleger ein bequemes Partizipieren am Zinseszins.

Wenn Sie eine Weile gespart oder – im Fall einer Einmalanlage – nach gewisser Zeit wissen wollen, wie viel Ihr Depot wert ist, multiplizieren Sie die Zahl Ihrer Anteile (die aus dem letzten Depotauszug hervorgeht) mit dem Rücknahmepreis. Wo Sie den erfahren? Die Kurse der großen Publikumsfonds stehen längst in jeder Tageszeitung; je spezieller die Fonds, desto seltener werden natürlich auch die Blätter, die deren tägliche Veränderung veröffentlichen. Auf jeden Fall erfahren Sie den Rücknahmepreis bei der Investmentgesellschaft.

Generell lässt sich sagen, dass sich nur Aktienfonds lohnen, bei denen Sie mit zweistelligen Ergebnissen pro Jahr rechnen können (wobei hier wie immer gilt: statistisch gesehen über längere Zeiträume!). Renten- oder Immobilienfonds sind zwar sicherer, aber Gebühren und Inflation fressen im Grunde die Wertsteigerung auf. Urteilen Sie selbst:

Durchschnittliche Wertsteigerung durch Fondssparen

Fondsart	Anlageschwerpunkt	Anlagezeitraum	Wertsteigerung in Prozent
Aktienfonds	Deutschland	10	17,9
		35	11,5
	Europa	10	17,5
		35	11,1
	international	10	17,2
		35	10,6
Rentenfonds	Euro (dt. Emittenten)	10	5,3
		30	7,0
	international	15	7,9
		35	8,3
offene Immobilienfonds		10	4,3
		25	5,8

Quelle: BVI, November 2000

Was solche Prozentzahlen in barer Münze bedeuten können, verrät die nächste Tabelle. Sie zeigt, mit welchem Ertrag Sie rechnen könnten, wenn Sie in verschiedenen Perioden monatlich 50 Euro in einen bestimmten erfolgreichen Investmentfonds – den Investa der DWS – eingezahlt hätten.

Beispiel: Fondssparplan Investa (Investmentgesellschaft: DWS)

Anlageschwerpunkt: Deutschland monatliche Einzahlung: 50 Euro	
10 Jahre	17916 Euro
15 Jahre	36250 Euro
20 Jahre	78754 Euro
25 Jahre	138681 Euro
30 Jahre	219402 Euro
35 Jahre	320350 Euro

Stand: Ende September 2000

Wenn man einen solchen Sparplan während seines gesamten Berufslebens nebenher durchzieht – und wer könnte nicht 50 Euro im Monat entbehren? –, hat man bei Rentenbeginn ein hübsches Vermögen beisammen. In Reichweite der Pensionierung sollte man allerdings in sichere Fonds umschichten, und zwar lieber nicht in die oft empfohlenen Rentenfonds, sondern in die steuerlich günstigeren Immobilienfonds. Für diese eigentliche Nutzungsphase Ihres Vermögens bieten die Investmentgesellschaften Auszahlpläne an. Es gibt dabei zwei Formen der »Verrentung«, wie dieser Vorgang im Fachchinesisch heißt: mit und ohne Kapitalerhalt. Wenn Sie genug angespart haben oder im Alter genug andere Einnahmequellen haben, können Sie sich nur die Zinsen auszahlen lassen. Dann müssen Sie das Kapital nicht angreifen, sondern können es Ihren Erben hinterlassen und haben die Gewissheit, jederzeit auf große Reserven zugreifen zu können. Im anderen Fall verläuft die Verrentung mit Kapitalverzehr: Die Auszahlsumme schmälert Monat für Monat das Kapital, und da entsprechend der Ertrag sinkt, wird der Kapitalanteil im Laufe der Zeit immer größer. Das kann natürlich auf einen Wettlauf mit der Zeit hinauslaufen, wenn Sie länger als erwartet leben ...

Doch überlassen wir dieses Problem der Zukunft und widmen uns den Fondsarten im Einzelnen. Die Anlageschwerpunkte sind ungeheuer vielfältig: Sie können in ökologisch-ethisch korrekte Aktien investieren, sich auf indische Industrie- und Staatsanleihen oder Hochzinsanleihen so genannter Schwellenländer kaprizieren, Blue

Chips oder Neuer-Markt-Aktien favorisieren – die Branche erfindet ständig neue Produkte, um das Interesse wach zu halten und frisches Kapital anzulocken.

Die verschiedenen Fondsarten

Aktienfonds

Ein Aktienfonds investiert, wie der Name schon sagt, ausschließlich oder überwiegend in Aktien. Das können je nach Statuten Aktien eines bestimmten Landes, einer bestimmten Region oder Branche sein, aber auch global und/oder branchenübergreifend ausgewählte Unternehmenspapiere. Damit bieten sie dem Kleinanleger die Möglichkeit, mit dank breiter Basis und großer Streuung niedrigerem Risiko als bei Einzelwerten an der Börse zu spekulieren. Die Chancen sind langfristig sehr gut, das heißt, Aktienfonds eignen sich, nicht zuletzt wegen der steuerlichen Behandlung, für Vermögensbildung und private Altersvorsorge. In den letzten Jahrzehnten wiesen sie überdurchschnittliche Renditen auf.

Doch auch ein gemildertes Risiko bleibt ein Risiko: Kursstürze pausen sich durch. Auf kurze oder mittlere Sicht sind Aktienfonds nicht empfehlenswert. Wenn Sie Wert auf Sicherheit legen, sollten Sie außerdem bei Standardwerten bleiben. Auch hier kann es zwar zu der einen oder anderen rasanten Talfahrt kommen – denken Sie nur an die Deutsche Telekom, die innerhalb weniger Monate von über 100 auf derzeit 30 Euro abstürzte –, aber das sind die Ausnahmen in einem tendenziell stabilen Umfeld. Ganz anders sieht das bei den am berühmt-berüchtigten Neuen Markt notierten Unternehmen aus: Wahrscheinlich wird ein Teil dieser Aktiengesellschaften die nächsten fünf bis zehn Jahre nicht überleben, und da auch Fondsmanager keine Hellseher sind, ist hier immer eine gewisse Portion Glück im Spiel, ob sie die richtigen Kandidaten ins Portfolio genommen haben.

Fazit: Aktienfonds bieten hohe Wertsteigerungsaussichten bei hohem Risiko und sollten nur für langfristige Sparziele eingesetzt werden.

Altersvorsorge-Fonds

Sonderlich neu sind die neuen AS-Fonds nicht. Die meisten Elemente gab es schon lange vorher. Anders als bisher ist lediglich die Tatsache, dass der Gesetzgeber mit den AS-Fonds im April 1998 zum ersten Mal einen Zielfonds, also einen Fonds für einen bestimmten Zweck – die Altersvorsorge – zugelassen und mit eigenen Bestimmungen geregelt hat. Vorgeschrieben ist, dass 21 bis 75 Prozent des Sondervermögens in Aktien und je maximal 30 Prozent in Immobilien (direkt oder über offene Immobilienfonds) und Fremdwährungen angelegt sein dürfen. Es handelt sich also um einen Mischfonds, der zu mindestens 51 Prozent in Substanzwerten – Aktien und Immobilien – investiert. Immobilien, so ist zu erwarten, werden wohl erst innerhalb der nächsten Jahre in größerem Stil ins Portfolio Eingang finden, in den Anfangsjahren konzentrieren sich die Fondsmanager vermutlich auf Immobilienfonds. Optionen sind nur zur Absicherung gestattet, Erträge müssen thesauriert werden.

Vorgeschrieben sind weiterhin Auszahlpläne sowie die kostenlose Möglichkeit zur Umschichtung in andere Fonds nach drei Vierteln der Laufzeit. Angespart werden müssen AS-Fonds als Sparpläne mit einer Laufzeit von mindestens 18 Jahren, ausgezahlt werden dürfen sie erst nach dem sechzigsten Lebensjahr.

Insgesamt lässt sich sagen, dass AS-Fonds bei geringem Risiko ein mittleres Wachstumspotenzial, aber keine Flexibilität bieten.

Branchenfonds

Branchenfonds nehmen nur Aktien von Unternehmen eines bestimmten Wirtschaftszweiges ins Depot, in der Regel eine zukunftsträchtige Wachstumsbranche wie Informationstechnologie, Biotechnologie, Pharma-Unternehmen, Internet-Firmen, Telekommunikationsanbieter oder Mediendienstleister. Sie beschränken sich dabei meist nicht auf den nationalen Raum, sondern investieren auch jenseits der Landesgrenzen. Auf diese Weise spiegeln sie dynamische Märkte.

Bei hohem Risiko haben Sie hier ein hohes Wertsteigerungspotenzial und die Aussicht auf die schnelle Mark – wenn's gut läuft, versteht sich.

Dachfonds

Hinter Dachfonds steht ein besonderes Konzept – es handelt sich um die Fonds der Fonds. In engen rechtlichen Grenzen sind sie erst seit dem dritten Finanzmarktförderungsgesetz legal, das im April 1998 in Kraft trat. Deutsche Dachfonds dürfen alle in Deutschland zum Vertrieb zugelassenen Investmentfonds ins Depot nehmen. Auslandsfonds, die hier nicht registriert sind, sind damit ausgeschlossen. Das Vermögen des Dachfonds darf zu höchstens 20 Prozent in einem Unterfonds stecken, umgekehrt darf der Dachfonds nicht mehr als 10 Prozent der gesamten Anteile an diesem Unterfonds halten. Da man bei einem Fonds, der Fonds kauft, hinsichtlich der Gebühren leicht den Überblick verlieren kann, müssen die Kosten sowohl im Verkaufsprospekt als auch im Rechenschaftsbericht genau ausgewiesen werden.

Mittlerweile haben sich drei Risikoklassen herausgebildet. Meist bieten die Fondsgesellschaften drei Basis-Portfolios mit Bezeichnungen wie »Sicherheit«, »Wachstum« oder »Chance« – sprich: geringes, mittleres und hohes Risiko – an, aus denen der Kunde je nach Risikobereitschaft wählen kann. Ein Dachfonds der Kategorie »Sicherheit« würde etwa maximal zu 20 Prozent Aktienfonds und maximal zu 80 Prozent Renten-, Geldmarkt- oder Immobilienfonds halten, »Chance« dagegen hieße 80 bis 100 Prozent Engagement in Aktienfonds, und »Wachstum« liefe auf halbe-halbe hinaus.

Garantiefonds

Hier verpflichtet sich die Fondsgesellschaft, unabhängig vom Börsenniveau eine bestimmte Summe zurückzuzahlen – meist der angelegte Betrag abzüglich Gebühren. Das würde im Extremfall eine Nullrendite bei weitgehendem Kapitalerhalt bedeuten. Garantiefonds werden erst seit Mitte der achtziger Jahre angeboten. Es handelt sich um einfach gestrickte Angebote mit fester Laufzeit (meist fünf Jahre), die in der Regel etwa 80 Prozent des Sondervermögens in festverzinsliche Papiere investieren und mit den verbleibenden 20 Prozent beispielsweise Optionsscheine oder andere hochspekulative Instrumente kaufen, um die Rendite nach oben zu treiben. Allerdings wird der Anleger an diesen Gewinnen nicht voll, sondern je nach Partizipationsquote beteiligt. Das heißt: Die Höhe der Gewinnbeteiligung wird prozentual festgeschrieben. Achten Sie darauf, dass die Quote (im Falle einer Kapitalabsicherung von 100 Prozent) bei mindestens 60 Prozent liegt. Meiden sollten Sie Garantiefonds mit Kursbegrenzung (dem so genannten Cap): Sie kann die ohnehin eher schmale Rendite halbieren.

Zusammengefasst erwartet Sie hier bei geringem Risiko eine mäßige Wertsteigerungsmöglichkeit.

Geldmarktfonds

Geldmarktfonds investieren in kurzfristige Rentenpapiere, wie Anleihen mit kurzen Restlaufzeiten, oder direkt am Geldmarkt. Sie sind seit dem zweiten Finanzmarktförderungsgesetz zulässig, also seit August 1994. Die meisten Gesellschaften erheben einen Mindestbetrag von 500 Euro, Ausgabeaufschläge werden nur selten verlangt, sie würden auch die magere Rendite vollends auffressen, die bereits von Verwaltungsgebühren bis zu 0,8 Prozent arg belastet werden.

Trotz der niedrigen Wertsteigerungsaussichten haben wir hier ein seit Markteinführung erfolgreiches Finanzprodukt: Zum Geldparken ist es ideal, es bietet hohe Flexibilität und große Nähe zum Markt. Sie können jederzeit über Ihr Geld verfügen, müssen weder Kündigungsfristen noch Laufzeiten oder feste Termine beachten. Vor allem bei steigenden Zinsen sind Geldmarktfonds interessant.

Mithin bieten sie bei geringem Risiko und geringer Wertsteigerung moderate Beiträge zum aktuellen Einkommen.

Gemischte Fonds

Mischfonds enthalten einen Anteil Aktien und einen Anteil Renten. Das Verhältnis von sicheren und spekulativen Werten ist sehr unterschiedlich, und entsprechend stark unterscheiden sich die einzelnen Fonds in diesem Segment voneinander. Kritiker finden, es mangele ihnen an Profil, andere halten sie für Alleskönner. Fakt ist, dass sich nichts generell sagen lässt, Sie hier also selbst genau hinschauen müssen.

Offene Immobilienfonds

Die vor fünfzig Jahren in der grundsoliden Schweiz erfundene Anlageform ist so sicher, dass sie von Vormundschaftsgerichten als mündelsicher akzeptiert wird. Normalerweise werden die Gelder in gewerblich genutzte Bürohäuser oder Einkaufszentren im europäischen Raum investiert, es handelt sich also um eine wahrhaft bodenständige Anlage. Die Rendite setzt sich aus Mieteinnahmen, Pacht und dem Wertanstieg der Immobilien zusammen; sie liegt grundsätzlich unter Renten- oder Aktienfonds. Der schwierige Immobilienmarkt der letzten Jahre hat die Erträge noch stärker reduziert. Positiv sind Entnahmepläne von Immobilienfonds, die ähnlich sicher sind wie Kapitallebens- oder private Rentenversicherungen, aber flexibler in der Handhabung. Immobilienfonds sind also in der letzten Sparphase vor und während der Pensionierung zu empfehlen. Und für ganz sicherheitsbewusste Anleger.

Indexfonds

Diese Kategorie ist ein ganz junges Produkt: Erst seit April 1998 dürfen Indexfonds angeboten werden. Es handelt sich um so genannte passiv gemanagte, also im Prinzip um überhaupt nicht gemanagte Fonds, denn sie bilden einfach ein bestimmtes Börsenbarometer ab, etwa den DAX oder den Stoxx 50 oder den Nemax 50 oder ... Eins zu eins gelingt diese Abbildung nicht, weil sich das Fondsvermögen selten genau auf die exakt benötigte Menge von Aktien der verschiedenen im Index vertretenen Unternehmen verteilen lässt.

Kommt außerdem zum Beispiel die Vorschrift, dass nur zehn Prozent des Sondervermögens eines Investmentfonds in der Aktie eines Ausstellers angelegt sein dürfen, mit der Gewichtung der Aktie im Index in Konflikt, spricht man von einem indexorientierten Fonds.

Indexfonds haben einige Vorteile. Die wenigsten »normalen« Aktienfonds schlagen die entsprechenden Indizes. Ein in deutsche Standardwerte investierender Fonds schafft es beispielsweise oft nicht, besser abzuschneiden als der DAX. Wofür dann der teure Manager? Sollen Sie als vertrauensvoller Anleger die Unzulänglichkeiten der Profis subventionieren? Ketzerische Fragen, die den Vermögensverwaltern vermutlich bitter aufstoßen, aber den Indexfonds in den USA und in Großbritannien schon lange zu einer Blüte verholfen haben – eine Blüte, die ihnen in Deutschland wohl erst noch bevorsteht.

Trotz der erwähnten Vorteile: Auch der Indexfonds ist nicht so gut wie das entsprechende Börsenbarometer, Ausgabeaufschlag, Depot- und Verwaltungsvergütung fallen auch hier an. Und der Index selbst ist alles andere als risikofrei, mit dem Neuer-Markt-Index etwa konnte man letztes Jahr Achterbahn fahren. Aber Sie wissen schon: Langfristig ...

Rentenfonds

Rentenfonds halten mindestens 20 festverzinsliche Wertpapiere aus dem gesamten Laufzeitspektrum, eventuell beschränkt auf bestimmte Währungen und Länder. Es gab Zeiten, da lagerte fast jede zweite Fondsmark in einem Rentenfonds. Mittlerweile haben sie Abflüsse zu verzeichnen, doch mit steigenden Kapitalmarktzinsen werden sie wieder erstarken. Trotzdem sind die Renditen von Rentenfonds häufig geringer als die von simplen Bundesschatzbriefen. Deswegen die Empfehlung: Besser direkt in Anleihen investieren (Lesen Sie dazu Kapitel 7).

Konkrete Schritte

Wie gehen Sie nun vor, wenn Sie einmalig oder per Sparrate in einen oder mehrere Investmentfonds Geld anlegen wollen?

Im Prinzip müssen Sie nur in die nächstgelegene Filiale Ihrer Bank marschieren und einen entsprechenden Auftrag erteilen. Sie mögen Blindflüge nicht? Nun, ganz lässt sich das nicht vermeiden, denn selbst wenn Sie nach allen zur Verfügung stehenden Kriterien die beste Gesellschaft, den besten Manager und den besten Fonds in dem vermutlich wachstumsstärksten Marktsegment ausgewählt haben: Niemand kann die Zukunft voraussagen. Die Wertentwicklung der letzten Jahre gibt einen Anhaltspunkt, aber mehr nicht. Prognosen lassen sich daraus nicht ableiten. Es gibt sogar Stimmen, die behaupten, dass ein Fonds nach fünf, sechs Jahren seine Spitze hinsichtlich der Performance erreicht und danach abflacht; andererseits können einige Fonds seit Jahrzehnten hervorragende Renditen vorweisen. Wieder einmal müssen Sie letztlich selbst entscheiden, in welcher Anlage Sie Ihr Geld am besten aufgehoben fühlen.

Mit dieser Einschränkung im Hinterkopf: Sehen Sie sich Fachzeitschriften an, etwa *Finanztest* von der Stiftung Warentest. Sie veröffentlichen regelmäßig Vergleiche verschiedener Fonds. Informieren

Sie sich bei der Verbraucherberatung in Ihrer Stadt. Oder ziehen Sie den vierteljährlich erscheinenden Fondsvergleich des BVI zu Rate (www.bvi.de oder Telefon 069/154090–0).

Der BVI, ausgeschrieben Bundesverband deutscher Investment-Gesellschaften e. V., hat seinen Sitz in Frankfurt am Main. Zu seinen Aufgaben gehört die Information von Anlegern, aber auch die Unterstützung der Mitgliedsfirmen in rechtlichen und anderen Fragen, etwa welche Auswirkungen steuerliche Neuregelungen haben werden.

Bevor Sie zur Hausbank gehen, überlegen Sie sich, wie viel Betreuung Sie wünschen. Theoretisch können Sie zwar jeden beliebigen Fonds in jeder beliebigen Bank ordern, praktisch aber versucht jede Bank, die Produkte ihre jeweiligen Investmenttochter an Mann und Frau zu bringen: einerseits über die Gebühren, die für Fremdfonds gepfeffert ausfallen, andererseits über die Beratung, in der eben nur die Fonds der eigenen Gesellschaft erwähnt werden. Wenn Sie sich lieber unabhängig informieren (lassen) wollen, kommen freie Anbieter infrage, Fonds-Shops oder Fonds-Boutiquen, die nicht an eine Gesellschaft gebunden sind und niedrige Gebühren erheben. Allerdings sollten Sie die Berater kritisch unter die Lupe nehmen (siehe Kapitel 13). Weiterhin haben Sie die Möglichkeit, direkt bei der Fondsgesellschaft beziehungsweise deren Internet-Auftritt ein Konto zu eröffnen und Aufträge zu vergeben. Und schließlich gibt es Direktbanken und Online-Broker. Haben Sie sich etwa für einen oder mehrere Fonds der DIT entschieden, könnte sich ein Blick auf die Homepage der Advance Bank lohnen: Sie vertreibt alle DIT-Fonds zum halben Ausgabeaufschlag.

Und damit sind wir zum Abschluss bei zwei bestimmten Gesellschaften. Der DIT Deutscher Investment-Trust wurde im Dezember 1935 von der Dresdner Bank gegründet. (Ja, korrekt beobachtet: Schon vor 1950 wurden in Deutschland Fonds aufgelegt. Aber es blieb damals bei kurzlebigen Versuchen, die keinen Bestand hatten.) Es war die zweite deutsche Kapitalanlagegesellschaft überhaupt, und der DIT hat sich mehrfach als Pionier hervorgetan, etwa bei der Einführung von Länderfonds. Vorreiter spielte die Gesellschaft auch bei

Aktiengarantieprodukten und Anlagezielfonds. DIT gehört in Europa hinsichtlich der mit Blick auf die Bonität sehr ausdifferenzierten Rentenfonds zu den Marktführern.

DIT Deutscher Investment-Trust
Gesellschaft für Wertpapieranlagen mbH
Mainzer Landstraße 11
60329 Frankfurt
Telefon 069/263140 oder 01803/221822 oder 01803/366999
Telefax 069/26314–186 oder 01803/221823
E-Mail: info@dit.de
Internet: www.dit.de

Die Investmenttochter der Deutschen Bank, DWS, ist, wenn auch nur noch knapp, deutscher Marktführer. Schließlich sammelt sie hierzulande ein Viertel aller Fondsgelder ein. Die Investment-GmbH bringt mehr als vierzig Jahre Erfahrung ein und hält ein breites Spektrum von Aktien-, Renten- und Geldmarktfonds für jedes Anlageziel bereit. Auch neue Konzepte wie abgesicherte Aktienfonds, steueroptimierte Fonds oder so genannte Trading Fonds (für die kein Ausgabeaufschlag erhoben wird) sind den Mitarbeitern der Deutsche-Bank-Tochter kein Fremdwort. Die DWS wurde für ihre Produkte vielfach von unabhängiger Seite ausgezeichnet. 1999 bekam sie zum fünften Mal in Folge den Micropal Award als beste große Fondsgesellschaft am deutschen Markt.

DWS Investment GmbH
Grüneburgweg 113–115
60612 Frankfurt am Main
Tel.: 069/71002
Fax: 069/71909–123
E-Mail: info@dws.de
Internet: www.dws.de

Zuletzt sei noch die Investmentfonds-Gruppe der Sparkassen und Landesbanken vorgestellt. Sie unterstützt deren Wertpapiergeschäft mit einer breiten Produktpalette von Aktien- und Rentenfonds über offene Immobilienfonds bis hin zu Laufzeit- und Geldmarktfonds, jeweils spezifiziert nach Ländern, Regionen und Branchen.

Die drei größten deutschen (will sagen: in Deutschland vertriebenen, nicht etwa: nur in deutschen Unternehmen investierenden) Aktienfonds werden von der Deka aufgelegt: Ari-Deka, Deka-Telemedien TF und Deka-Fonds. Kein Wunder, dass die Sparkassen-Tochter den Marktführer DWS im Feld der Aktienfonds inzwischen überholt hat. Als Etappenziel hat sich die Deka 25 Prozent Marktanteil am in Deutschland insgesamt verwalteten Fondsvolumen gesetzt.

DGZ-Deka-Bank
Deutsche Kommunalbank
Mainzer Landstraße 16
60325 Frankfurt
Telefon: 069/7147–0
Telefax: 069/7147–1376
Internet: www.deka.de

Kapitel 9

Geldanlage und soziales Gewissen

In den USA stand am Anfang das Bedürfnis, nicht an Branchen zu verdienen, an deren Händen Blut klebt, um es einmal plakativ auszudrücken. Daraus hat sich ein kleiner Zirkel so genannter ethischer Investoren entwickelt. Das waren in der Hauptsache Menschen mit einem großen Vermögen, aber auch einem stark religiösen Hintergrund, die sich zu ihren Überzeugungen bekannten und in gut puritanischer Tradition kein Geld in Tabak-, Alkohol- oder Glücksspielunternehmen steckten. In den sechziger und siebziger Jahren – zur Zeit des Vietnamkrieges – wurde die schwarze Liste erweitert auf die Rüstungsindustrie, auf Produzenten von Gewehren, Bombern und Nuklearwaffen. So investierten sie ohne viel Aufhebens und wiegten sich in dem Bewusstsein, dass sie nicht den Lauf der Welt ändern konnten, doch zumindest mit ihrem Kapital nichts Böses angerichtet wurde.

Wachsender Einfluss

Dann kam ein Hilferuf, der alles veränderte. Anfang der achtziger Jahre forderten die Bischöfe der anglikanischen Kirche in Südafrika ihre Brüder von der American Episcopal Church auf, sie im Kampf gegen die Apartheid zu unterstützen. Nachdem zehn Jahre des stillen Bemühens nichts gebracht hatten, wurden die ethischen Investoren aufmüpfig und sicherten sich die Unterstützung mächtiger Verbündeter, darunter Manager von milliardenschweren Pensionskassen und Finanzdirektoren von Kommunen oder staatlichen Stellen.

Als sie kollektiv die Muskeln spielen ließen und Anteile an Unternehmen abstießen, die in Südafrika Geschäfte machten, geriet die dortige Wirtschaft ins Trudeln. Plötzlich setzte sich die weiße Minderheit Südafrikas mit der schwarzen Mehrheit an einen Tisch, und das Resultat war eine Umwälzung des Regierungssystems. Damit hatte die sozial motivierte Anlegergemeinde ein ganz neues Gesicht bekommen.

»Es war eine entscheidende Phase«, urteilt Amy Domini, die mehrere Bücher zum Thema geschrieben und Domini Social Investments in New York gegründet hat. »Bis dahin hatten wir uns als ›ethische‹ Investoren bezeichnet. Dabei hatten wir selbst nicht so richtig geglaubt, dass unser Verhalten viel bewirkte. Dann stellte sich heraus, dass wir Lösungen vorantreiben konnten.«

Die Abkehr vom Begriff ›ethisches Investieren‹ hin zu ›sozial verantwortliches Investieren‹ gute zehn Jahre später spiegelt das neu entdeckte Machtbewusstsein und die Taktik dieses Anlegerpublikums wider. Statt Unternehmen mit fragwürdigem Hintergrund einfach auszuklammern, investieren einige engagierte Fonds mittlerweile gerade in solche Unternehmen, um Veränderungen zu bewirken. Sie begnügen sich nicht mehr damit, bestimmte Aktien zu verteufeln, sondern setzen sich aktiv für eine ganze Reihe von ökologischen und sozialen Themen ein, vor allem gegen die Ausbeutung von Arbeitnehmern und die Ungleichbehandlung von Frauen am Arbeitsplatz.

Diese Entwicklung ging an Deutschland weitgehend vorbei. Hierzulande erwachte das Interesse an politisch korrekten Kapitalanlagen erst im Zuge der Ökologie- und Friedensbewegung Anfang der achtziger Jahre. Der Umweltgedanke dominierte damals wie heute.

Während in den USA bereits 1969 und 1972 die ersten heute noch bedeutenden Institute für ökologisch-ethische Unternehmensbeurteilung gegründet wurden, kann die Bundesrepublik erst seit 1990 mit dem auf Chemie/Pharma spezialisierten Hamburger Umweltinstitut Entsprechendes vorweisen. Ein Jahr später wurde aus der Universität Hannover heraus das imug gegründet (Institut für Markt-Umwelt-Gesellschaft e. V.), das Unternehmen hinsichtlich der Übernahme gesellschaftlicher Verantwortung beurteilt. Dazu gehört für die imug-Wissenschaftler nicht nur Umweltschutz, sondern auch die Informationspolitik, Nähe oder Ferne zur Gentechnik oder etwa der Verbraucherschutz. Spezifisch für das Deutschland nach der Wende ist das Kriterium, wie stark sich die Firmen in den neuen Bundesländern engagieren. Nach diesem Katalog klopfte das vom Umweltministerium unterstützte und mit den Verbraucherzentralen kooperierende Institut bislang die Lebensmittelbranche sowie Kosmetik-, Körperpflege- und Waschmittelhersteller ab.

1997 riefen das Umweltmagazin *Natur* und die Internet-Zeitschrift *Oeko-Invest* den Natur-Aktien-Index ins Leben, der mit 20 Unternehmen bei 1000 Punkten startete und, nach passablen Steigerungen 1998 und 1999, im problematischen Börsenjahr 2000 immerhin um 37 Prozent stieg, während der konventionelle MSCI-Weltindex 2 Prozent minus aufwies. Öko-Aktien sind, gut gewählt, erstaunlich krisenfest. Allerdings gibt es auch in diesem Bereich viele junge, innovative Unternehmen, deren Kurse sehr, sehr volatil sind. Auf den »normalen« Finanzseiten im Internet sucht man einen Hinweis auf den NAX übrigens vergeblich.

Inzwischen haben sich auch die Kirchen der Problematik ethischer Aktien angenommen. 38 deutsche Ordensgemeinschaften beauftragten eine Research-Firma, unter Federführung des Frankfurter Moraltheologen Johannes Hoffmann ein Bewertungsverfahren zu entwickeln und damit die nicht gerade kleinen Anlagesummen der katholischen und der evangelischen Kirche zu überprüfen. Inzwischen haben sich diese Institutionen mit anderen Investoren in CRIC e. V. zusammengeschlossen, um ihre Ideen zu verbreiten. Der Frankfurt-Hohenheimer Leitfaden, auf dessen Vorarbeiten das Projekt beruht, hat über die ökologischen und sozialen Kriterien den schwer zu messenden, aber nach Ansicht der Initiatoren unentbehrlichen Faktor »Kulturverträglichkeit« gestellt. Denn wie auf gesellschaftliche Krisen oder Umweltkatastrophen reagiert wird, so ihre Argumentation, hängt in hohem Maße von der kulturellen Kompetenz ab. Verblüffendes Ergebnis des Performance-Vergleichs von moralisch vertretbaren und nur nach ökonomischen Gesichtspunkten ausgewählten Aktien: Das gute Gewissen wird mit der besseren Rendite belohnt!

Vielversprechendes Potenzial

Zu einem ähnlichen Ergebnis kommt eine neuere Studie des Social Investment Forum mit Sitz in Washington. 70 Prozent der größten sozial orientierten Fonds der Vereinigten Staaten schnitten 1998 besser ab als herkömmliche Fondsgesellschaften. In Europa sah es ganz ähnlich aus: 1999 hatten Öko-Fonds Renditen von 50 und 60 Prozent, ein Trend, der sich 2000 fortsetzte. Die althergebrachte Ansicht, dass soziale Verantwortung die Bilanz eines Investors belastet, ist also ein Mythos.

»Es hieß immer, wer sozial investiert, muss sich mit weniger Ertrag begnügen. In Wirklichkeit kann der sozial orientierte Anleger – wie jeder andere auch – gewinnen, verlieren oder unentschieden spielen«, erklärt Tim Grant, Präsident der Pax-World-Fund-Gruppe in New York, die sich ebenfalls soziale Vorgaben setzt. »Wir erwirtschaften Erträge am Markt. Dabei bringen manche Anlagen Gewinn, manche Verlust und manche schließen neutral ab.«

J. B. Miller, Vertriebsmanager für Amerika für den Fonds MMA-Praxis, fügt hinzu: »Unser Portfolio-Manager sagt, dürftige Erträge seien nicht etwa eine Folge sozialer Zielsetzung. Schuld seien vielmehr Fehler bei der Auswahl von Aktien.«

Der Domini Social Equity Fund, ein Indexfonds, der 400 Unternehmen umfasst, die branchenspezifische sozial orientierte Kriterien und bestimmte Anforderungen an ihre Personalpolitik erfüllen, hat den Standard & Poor's-500-Index ertragsmäßig auf Jahres-, Dreijahres- und Fünfjahresbasis sowie über den gesamten Zeitraum seit seiner Einführung (1991) bis zum ersten Quartal 1998 übertroffen. Das haben nur wenige Fonds geschafft – ob sozial ausgerichtet oder nicht.

Das Interesse an sozial orientiertem Investieren steigt. Von 1995 bis 1997 wuchsen darauf ausgerichtete amerikanische Portfolios um 227 Prozent, von 162 Milliarden Dollar auf 529 Milliarden Dollar, wie das Social Investment Forum festgestellt hat. In Deutschland wurde in dieser Zeit die dritte ökologisch orientierte Bank gegründet, die mit ordentlichen Kunden- und Umsatzzuwächsen aufwarten kann. Inzwischen gibt es über 20 auf Umwelt und Nachhaltigkeit orientierte Fonds, durchaus auch bei alteingesessenen Großbanken. Die BfG-Bank hat Anfang 2001 einen Fonds aufgelegt, der am Frankfurt-Hohenheimer Leitfaden orientiert ist. Und das Volumen von Umweltfonds wuchs zwischen Anfang und Ende 2000 von einer auf 3 Milliarden Euro (1998: 500 Millionen Euro).

Der Privatanleger, der sich für sozial orientierte Geldanlage interessiert, sollte sich vorher gründlich prüfen. Miller rät: »Ich würde mich fragen: ›Welche Dinge sind mir wirklich wichtig?‹ Gibt es Papiere, die Sie vor sich selbst nicht vertreten können?« Außerdem sollten Sie sich überlegen, ob Ihre ethischen und sozialen Ansprüche von einem Fonds erfüllt werden können oder ob sie so individuell sind, dass Sie besser direkt in bestimmte Unternehmen investieren.

Kriterien sozial ausgerichteter Fonds

In den USA konzentriert sich das Augenmerk der Anleger auf »sündige« Aktien, politisch korrekte Fonds investieren also weder in Unternehmen, die Alkohol und Tabak produzieren oder verkaufen, noch in solche, die das Glücksspiel fördern. Während vor allem Letzteres als typisch amerikanisch gelten kann, ist der Boykott der Rüstungsindustrie auch bei europäischen Fonds häufig anzutreffen – allerdings mit sehr unterschiedlicher Strenge. Nahm etwa der nicht nur in dieser Hinsicht besonders rigorose Fonds ÖkoVision der Frankfurter Ökobank die Aktien des Brennstoffzellenherstellers Ballard Power aus dem Portfolio, weil er mehrere militärische Kunden beliefert, verzichteten die meisten anderen Umweltfonds der Rendite wegen lieber nicht auf die Aktie, die sich extrem gut entwickelte.

Viele Fondsmanager wählen Unternehmen nach positiven Kriterien aus, achten zum Beispiel auf fortschrittliche Arbeitsmethoden oder vorbildliche Umweltpolitik. Nur eine kleine Zahl hat sich anderer heikler Themen angenommen.

Inzwischen ist man sich weitgehend einig, dass sozial orientiertes Investieren tatsächlich etwas bewirken kann. »Es ist uns bewusst, dass wir weder das Verhalten eines Unternehmens noch eine Produktlinie umkrempeln können«, räumt Miller ein. »Wir würden keinesfalls Anteile eines Tabakkonzerns kaufen und versuchen, ihn vom Geschäft mit dem Rauchen abzubringen. Aber wir glauben durchaus, dass wir das Verhalten eines Unternehmens beeinflussen können – und sei es auch nur am Rande. Wir können darauf hinarbeiten, dass ein Unternehmen seine staatsbürgerlichen und arbeitspolitischen Pflichten besser erfüllt. Wir engagieren uns hier, weil wir darin eine Aufgabe sehen.«

So finden Sie Fonds mit sozialer Ausrichtung

Sie möchten Ihr Geld in Unternehmen investieren, die Ihrer Weltanschauung nahe stehen? Halten Sie den Umweltschutz für vordringlich, dann wollen Sie sicher Aktiengesellschaften meiden, die die Luft verpesten, den Regenwald abholzen oder die Ozonschicht durchlöchern. Sie sind Stammkunde von Transfair-Produkten, und Ihnen ist in erster Linie an sozialer Gerechtigkeit gelegen? Dann möchten Sie mit Organisationen, die ihre Angestellten ausbeuten und eine diskriminierende Personalpolitik betreiben, nichts zu tun haben. Sie sind ein eingefleischter Pazifist? Für Sie gibt es Fonds, denen kein Waffenproduzent ins Portfolio kommen.

Verantwortungsbewusstes, nicht nur der Rendite verpflichtetes Investieren gilt noch immer als Nische am Geldmarkt. Insofern ist es nicht leicht, die Unternehmen und Fonds ausfindig zu machen, die Ihren persönlichen Wertvorstellungen entsprechen. Wie spüren Sie sie trotzdem auf? Hier einige Tipps:

Die Ökobank, 1988 gegründet, bezeichnet sich als die führende ethisch-ökologische Bank in Europa mit Niederlassungen in Berlin, Freiburg und Frankfurt am Main. Es handelt sich um eine Direktbank mit der gesamten Palette der Bankgeschäfte: Giro-, Spar- und Anlagekonten, Sparbriefe, verschiedene Investmentfonds, Kredite, Baufinanzierung und Beteiligungen (beispielsweise an Windparks). Die Kunden können telefonisch, schriftlich oder per Internet Kontakt aufnehmen. Die Ökobank tritt für eine nachhaltige Entwicklung ein und investiert nicht in Rüstung, Atomkraft, menschenrechtsverachtende Systeme und Chlorchemie. Dabei versteht sie sich als normale Bank für den täglichen Geldverkehr, bietet Geldanlagen und Finanzierungen zu marktüblichen Konditionen an. Aber anders als bei herkömmlichen Kreditinstituten steht es den Kunden frei, auf eine Maximalverzinsung zu verzichten, um bestimmte Projekte aus den Bereichen Energie, Umwelt, Frauen, Selbstverwaltung, psychisch Kranke/Psychiatrie und soziales Engagement zu fördern. Sie finden die Ökobank im Internet unter www.oekobank.de.

Die Umweltbank mit Sitz in Nürnberg ist wie die Ökobank eine Direktbank ohne Schalterhallen und Filialen, aber mit Beratung. Sie ist seit 1997 im Geschäft und bietet nach eigenen Angaben attraktive Renditen und Zinsen. Mit den eingelagerten Geldern finanziert sie ökologisch sinnvolle Projekte zu Themen wie Sonnenenergie, Wind- und Wasserkraft, Energiesparhäuser und Landwirtschaft zu Vorzugskonditionen. Im Netz der Netze hat sie die wenig überraschende Adresse www.umweltbank.de.

Unter dem Portal www.ecoreporter.de sind gleich mehrere interessante Anbieter zusammengefasst, darunter das in Dortmund produzierte »Internet-Magazin zur ethischen Geldanlage« (www.oeko-invest.de). Es hält Sie über einschlägige Versicherungen, Aktien, Investmentfonds, Beteiligungen auf dem Laufenden und informiert über weiterführende Aspekte wie den NAX, den Natur-Aktien-Index. Auch www.umweltaktie.de gehört dazu. Hier finden interessierte Anleger Umweltaktien, Hintergrundberichte und Pressemeldungen zu den betreffenden Unternehmen. Einen vergleichbaren Service in Bezug auf Fonds bietet www.umweltfonds.de. Hier erfahren Sie die aktuellen Kurse von Umweltfonds und -zertifikaten. Einzusehen sind außerdem Quartalsberichte und Portraits der in den Portfolios vertretenen Unternehmen.

Hochinteressant sind die Unternehmensportraits auf der Homepage des imug (www.imug.de). Leider sind relativ wenige Aktiengesellschaften unter den hier vorgestellten Firmen, Informationen über diese lassen sich bequem in Kombination mit anderen Finanzseiten als Auswahlhilfe für die Direktanlage in Aktien nutzen. Das gilt auch für die Research-Firma Ökom (www.oekom.de).

Kapitel 10

International investieren

»Früher beherrschten die Vereinigten Staaten von Amerika die Weltwirtschaft, deswegen konnten US-Investoren den Rest der Welt getrost links liegen lassen«, erläutert James J. Atkinson Jr., Leiter der Guinness Flight Global Asset Management Ltd. in Pasadena, Kalifornien. Aber, so ergänzt er, das gilt inzwischen nicht einmal mehr für die letzte Supermacht der Erde. Auf europäische Länder traf es ohnehin noch nie zu. Der amerikanische Aktienmarkt ist noch immer der größte weltweit. Alle übrigen Börsen erreichen zusammen 50 Prozent der weltweiten Marktkapitalisierung, ihr Volumen entspricht also insgesamt ungefähr dem Volumen aller öffentlich gehandelten Unternehmen der USA. Wir würden wirklich viele Chancen verpassen, wenn wir uns auf den heimischen Aktienmarkt beschränkten.

»Unser Umfeld ist von globalen Unternehmen, globalen Vertriebswegen und globalem Konsum geprägt«, sagt Mark Geist, Präsident der Montgomery Asset Management, San Francisco. »Auch jeder Anleger sollte einen Teil seines Portfolios global investieren.«

Die Auswirkungen auf ein diversifiziertes Portfolio

Aus amerikanischer Warte hat Ibbotson Associates, Chicago, die Auswirkungen internationaler Werte im Depot untersucht. Dabei ist das

Wertpapierhaus auf das vielleicht verlockendste Argument für eine globale Streuung gestoßen: Sie reduziert das Gesamtrisiko bei moderater Steigerung der potenziellen Erträge. Das ergab der historische Vergleich der Performance des US- mit der Entwicklung der übrigen Aktienmärkte, den Ibbotson durchführte: Beide verlaufen weitgehend unabhängig voneinander. Wenn amerikanische Aktien steigen, können die Kurse in anderen Ländern fallen, und umgekehrt.

Da sich die Märkte nicht gleichzeitig und nicht mit der gleichen Geschwindigkeit entwickeln, können Sie mit ausländischen Titeln Kursausschläge im Euroraum ausgleichen und sich damit eine Menge Kopfschmerzen ersparen. Zudem steigern Sie auf die Dauer die Performance Ihres Portfolios. Auch wenn sich die Weltwirtschaft immer stärker verflicht, glauben die Analysten, dass dieser Befund Bestand haben wird. Trotzdem plädieren selbst die nachdrücklichsten Befürworter internationaler Geldanlage für Auslandsinvestitionen mit Augenmaß: Viele außereuropäische Märkte (abgesehen von den USA) sind erheblich volatiler als der Euroraum. Erschwerend kommt das Währungsrisiko dazu.

Was Währungsrisiko bedeutet? Die Währungen der Welt – US-Dollar, japanischer Yen oder der Euro, um nur die für das Börsengeschehen wichtigsten Valuten zu nennen – verändern permanent ihren Wert in Bezug aufeinander. Erwirbt man Aktien ausländischer Unternehmen, bezahlt man gewöhnlich in der Währung des betreffenden Landes und muss Euro in Dollar (oder Yen oder Złoty oder Pfund oder ...) zum Tageskurs umtauschen. Dasselbe gilt in umgekehrter Reihenfolge, wenn man sie wieder verkauft.

Wechselkursrisiken

Wenn sich der Wechselkurs zum Zeitpunkt des Kaufs erheblich von dem zum Zeitpunkt des Verkaufs unterscheidet, kann er den Gewinn, den man mit der Aktie selbst gegebenenfalls erzielt hat, entweder steigern oder schmälern. Es ist auch möglich, dass die Wechselkursänderung größer ausfällt als die Kursdifferenz.

Wenn der Euro gegenüber der ausländischen Währung fällt, erwirtschaften Sie Gewinn, weil Sie mehr Euro für Ihre Devisen erhalten. Steigt die europäische Gemeinschaftswährung hingegen, machen Sie Verlust, weil Sie pro Yen, Dollar et cetera weniger Euro ausgezahlt bekommen.

Schauen wir uns, um das Ganze an einem Beispiel zu verdeutlichen, John an: Im April 1995 investierte er 10000 US-Dollar in japanische Aktien. Damals stand der Yen im Vergleich zum Dollar auf Rekordhoch. John verkaufte seine Papiere im Oktober 1996.

Zum Zeitpunkt des Erwerbs bekam John für 1 Dollar 84,30 Yen, seine 10000 Dollar waren mithin 843000 Yen wert. Die dafür erworbenen Aktien stiegen im Verlauf der eineinhalb Jahre um solide 20 Prozent, das Paket brachte beim Verkauf also 1011600 Yen.

In demselben Zeitraum gewann der Dollar im Vergleich zum Yen an Stärke, und statt 84,30 Yen kostete 1 Dollar 114 Yen. Unser Beispielmann kam also nach Umtausch seiner Devisen mit 8874 Dollar nach Hause und hatte bei der Transaktion wegen des schlechten Wechselkurses 1126 Dollar verloren.

Andererseits gewann ein US-Bürger, der 1990 japanische Aktien kaufte, bei unverändertem Aktienkurs viel Geld, weil die amerikanische Währung in diesem Zeitraum gegenüber dem Yen erheblich an Wert verlor. Während 1990 für einen Yen 140 Dollar gezahlt wurden, erhielt man Anfang 2000 pro Dollar 104 Yen.

Ähnliche Beispiele ließen sich natürlich auch für das Umtauschverhältnis von Euro zu Dollar oder Euro zu Yen finden. Das Prinzip ist immer das Gleiche.

Das Währungsrisiko ist jedoch nicht die einzige Sorge bei Auslandsinvestments. Es kann teuer und arbeitsaufwändig sein, wenn man sich als Einzelperson daran wagt. Die Gebühren sind saftig, nicht jede Aktie sofort wieder verkäuflich, und Überweisungen können Tage dauern. Das gilt vor allem für kleine Börsen in weniger entwickelten Ländern.

Einige ausländische Unternehmen werden natürlich auch in

Frankfurt gehandelt. Aber trotz der Globalisierung sind sie noch immer eine verschwindende Minderheit.

Internationale Investmentfonds und vergleichbare Anlageinstrumente

Meistens fährt man am günstigsten, wenn man sich via Investmentfonds in internationalen Märkten engagiert. Natürlich bezahlt die Investmentgesellschaft ebenfalls Transaktionskosten und Gebühren für den Devisentausch. Aber sie kann bessere Konditionen aushandeln, weil sie in großen Mengen kauft. Zudem verteilen sich die Kosten auf eine ganze Gruppe von Anlegern.

Internationale Investmentfonds können sehr verschieden sein. Einige konzentrieren sich auf ein bestimmtes Land, andere auf eine bestimmte Region (etwa den Pazifischen Raum), wieder andere investieren weltweit. Einige versuchen, Währungsrisiken zu kompensieren – im Jargon der Börsianer: zu »hedgen« –, andere nehmen sie in Kauf. Einige entscheiden sich erst für bestimmte Länder und suchen dann passende Unternehmen, andere entscheiden sich für bestimmte Unternehmen, ohne Rücksicht auf deren Sitz. Im Großen und Ganzen kann man diese Unterschiede an den jeweiligen Emissionsprospekten ablesen (Genaueres dazu in Kapitel 8), einem vorgeschriebenen Dokument, in dem Risiken, Strategie, Gebühren und bisherige Erträge aufgelistet sein müssen.

Kluge Investoren prüfen, ob die Strategie des Investmentfonds zu ihrer eigenen passt. Überlegen Sie sich also, ob Sie lieber auf die ökonomische Stärke einer bestimmten nationalen Volkswirtschaft setzen wollen oder einen Fonds mit breiterer Basis bevorzugen. Jagt Ihnen das Währungsrisiko Angst ein oder kommen Sie mit dem doppelten Risiko klar, weil Sie auf bessere Rendite hoffen? Reizt es Sie, in die so genannten Schwellenländer zu investieren – Länder, die an der Schwelle zur Industrialisierung stehen und deren Aktien kurzfristig extremen Schwankungen unterliegen, aber exzellente Gewinnaussichten bieten? Oder liegen Ihnen eher die entwickelten Volkswirtschaften mit nachweisbaren Erfolgen, beispielsweise Japan, weil deren Performance sich besser vorhersagen lässt?

Neben internationalen gibt es globale Fonds. Der Unterschied liegt darin, dass unter »global« auch Engagements im Stammland der Gesellschaft fallen, ein amerikanischer Investmentfonds kann dementsprechend einen großen Teil der Anlegergelder in amerikanischen Unternehmen investieren, gleiches gilt für eine deutsche oder europäische Investmentgesellschaft. Internationale Fonds hingegen sind von ihren Statuten her verpflichtet, den Löwenanteil des Fondsvermögens im Ausland anzulegen.

Ausländische Aktien können auch über geschlossene Fonds erworben werden. Ein geschlossener Fonds wird im Unterschied zum offenen einmalig aufgelegt, das heißt, Anteile werden in einer bestimmten Gesamthöhe ausgegeben und können danach je nach Wertentwicklung des Portfolios mit Auf- oder Abschlägen verkauft werden.

Wenn Sie sich für einen Fondstyp entschieden haben, erhebt sich nur noch die Frage nach der Höhe, in der Sie sich im Ausland engagieren wollen. Patentrezepte kann es hier nicht geben, Experten empfehlen jedoch einen Anteil zwischen 5 und 25 Prozent am Gesamtportfolio. Je langfristiger Sie vorgehen, desto mehr Geld können Sie in die volatilen – und potenziell gewinnträchtigeren – ausländischen Börsen stecken.

International diversifizieren via international agierender Konzerne mit Sitz im Inland?

Wenn man davon ausgeht, dass der Euroraum in den nächsten Jahren von robustem Wirtschaftswachstum und im Vergleich zu anderen Volkswirtschaften überproportional ansteigenden Kursen geprägt sein wird, könnte man auf die Idee kommen, dass ausländische Investments überflüssig sind. Ähnliches galt für die USA: Dort führte die lang anhaltende, von Rekord zu Rekord jagende Hausse dazu, dass so mancher Anleger auf internationale Diversifizierung ganz verzichtete. Schließlich hieße es, ohne Not die Erträge zu drücken, wenn man sich in Märkten mit schlechterer Performance als dem heimischen engagiert. Dem Argument, dass die Märkte in Übersee nicht zu demselben Zeitpunkt steigen respektive fallen, setzten die Wortführer der Bewegung entgegen, dass die großen US-Konzerne so viele ausländische Töchter haben, dass man bereits mit Aktien von Coca-Cola oder General Electric genügend internationales Potenzial im Portfolio habe. Gleiches könnte man von ursprünglich europäischen Wirtschaftsgiganten wie Philips oder Aventis behaupten.

Die Rechnung kann aufgehen, wie sie vor allem von den USA aus gesehen, aber auch aus europäischer Warte zwischen 1996 und 1999 aufging. Asienkrise, Schwächeanfälle südamerikanischer Börsen, die Probleme in Russland: In vielen Regionen der Welt wankten die Märkte angesichts von Missmanagement, politischen Skandalen, Umwälzungen und Währungskrisen und konfrontierten die Menschen in diesen Ländern mit Inflation und sinkendem Lebensstandard. Wer dort investiert war, ist ein gebranntes Kind.

Trotzdem gilt, wenn Sie sich dazu überwinden können, einige inländische gegen ausländische Titel auszutauschen, die alte Börsenweisheit: »Billig kaufen, teuer verkaufen.« Die Strategie behält langfristig ihre Gültigkeit, denn niemand kann vorhersagen, welcher Markt wann vom Aufschwung verwöhnt oder vom Abschwung gebeutelt wird. Die Mehrheitsmeinung ist in diesen Dingen oft ein schlechter Ratgeber.

»Wer gegen den Strom aus amerikanischen Anlagen raus und in japanische reingegangen wäre, hätte sich eine goldene Nase verdient«, erklärt Thomas S. White Jr., Präsident des Thomas White Funds und Geschäftsführer des Thomas White International Fund mit Sitz in Chicago, und hat dabei die sechziger Jahre im Blick, in denen US-Aktien einen ähnlich fulminanten Aufschwung wie in den Neunzigern erlebten, während japanische Unternehmen wenig beliebt waren. »Aber man hat kein gutes Gefühl dabei, weil man zu wissen glaubt, welches Land am besten abschneiden wird. 1989 dachten alle, Japan gehöre die Zukunft. Dort wurde alles richtig gemacht, während bei uns [in den USA] alles falsch lief. Und Japan stand zehn Jahre lang im Zeichen des Bären.«

Selbstverständlich gehört eine ordentliche Portion Mut dazu, aus der Reihe zu tanzen. Der Anleger darf weder den Spott von Freunden noch Small-Talk-Blamagen auf Partys fürchten. Andererseits legen die Fundamentaldaten nahe, dass sich diese Art innerer Stärke im Laufe der Zeit auszahlt.

Vergleichen wir doch nur den Börsenwert verschiedener Länder mit den von ihren Volkswirtschaften tatsächlich erzeugten Gütern und Dienstleistungen: Beide Kennziffern sollten sich zumindest theoretisch parallel entwickeln, da sich in den Aktienkursen die Unternehmensgewinne spiegeln. Vergleichen wir, fachchinesisch ausgedrückt, die Marktkapitalisierung (den Gesamtwert der an einer Börse gehandelten Anteile) mit dem Anteil des Landes am globalen Bruttosozialprodukt (Messgröße aller in einer Volkswirtschaft produzierten Güter und Dienstleistungen). Mehr als die Hälfte der Börsenumsätze weltweit geht auf US-Aktien zurück (über 50 Prozent), obwohl die Vereinigten Staaten weniger als ein Drittel der Güter und Dienstleistungen auf dieser Erde produzieren (30 Prozent).

Im Unterschied dazu erzeugte Japan 1999, nachdem die Aktienkurse zehn Jahre in Folge gefallen waren, ungefähr 14 Prozent der globalen Gütermenge, während die börsennotierten Unternehmen des Landes nur noch 8 Prozent zur Marktkapitalisierung weltweit beisteuerten.

Dieses Verhältnis stellte sich vor einer Dekade umgekehrt dar: 1988 hatten japanische Aktien einen Anteil von 40 Prozent am Wert der börsennotierten Unternehmen der Welt, Japan erzeugte jedoch weniger als 20 Prozent der Güter und Dienstleistungen, die auf unserem Globus nachgefragt wurden. Zum selben Zeitpunkt befanden sich der Wert amerikanischer Aktien und das Sozialprodukt der USA ungefähr im Gleichgewicht.

Wechselkursrisiko: Ein konkretes, wenn auch fiktives Beispiel

Johanna Schmidt möchte an Auslandsbörsen aktiv werden. Sie legt 1000 Euro in Mexiko und 1000 Euro in New York an, als amerikanische Dollar, mexikanische Pesos und Euro in etwa 1:1 standen. Dafür kauft sie Aktien, deren Wert innerhalb eines Jahres in beiden Ländern um 10 Prozent steigt. Will Johanna den Gewinn jedoch zu Hause ausgeben, dann hängt ihr Gewinn vom Kurs der Währungen untereinander ab. Nehmen wir an, der Peso sei gefallen; um 1 Euro zu kaufen, muss man inzwischen 1,30 Pesos anlegen. Der Dollar hingegen sei gestiegen, sodass man bereits für 0,90 Dollar 1 Euro erhält.

Anlage	Mexiko City	New York
Kaufpreis	€ 1000	€ 1000
Wertzuwachs	+€ 100	+€ 100
Verkaufserlös (in Fremdwährung)	€ 1100	€ 1100
Geteilt durch Euro-Kurs	÷ 1,30	÷ 0,90
Nettoerlös (in Euro)	€ 846	€ 1222
Rendite	–15,4 %	+22,2 %

Kapitel 11

Steuerliche Aspekte

Es mag ein unangenehmes Thema sein, gehört aber einfach dazu: Letztlich interessiert nicht die Rendite an sich, sondern der Ertrag, der nach Abzug der Steuern bleibt. Sie sollten sich also mit den entsprechenden Gesetzen auskennen, damit Sie nicht, betört von saftigen Zinsen, Papiere kaufen, deren Ertrag Vater Staat mehr als Sie selbst erfreut. Genau davon handelt dieses Kapitel, so kurz und schmerzlos wie möglich.

Die Besteuerung von Kapitaleinkünften

Seit dem 1. Januar 2000 wurde der Sparerfreibetrag von 6000 Mark pro Stpfl – Steuerberaterjargon für Steuerpflichtiger – auf 3000 Mark (etwa 1500 Euro) halbiert. Um pro Jahr 6000 Mark (das entspricht gut 3000 Euro) Zinsen zu bekommen, musste man schon recht viel Geld auf der Bank liegen haben, deswegen waren früher relativ wenige Menschen von steuerlichen Renditeüberlegungen betroffen: Nur 20 Prozent der Deutschen mussten sich den Kopf darüber zerbrechen. 3000 Mark oder 1500 Euro sind schneller erreicht, zumal man um entsprechende Ansparsummen gar nicht herumkommt, wenn man auf eine private Altersvorsorge spart. Dank der Neuregelung »erwischt« der Fiskus etwa zwei Drittel der Sparer. Da ist es schon interessant, welche Erträge mit wie viel Prozent besteuert werden.

Bereits seit 1993 gilt für Kapitalerträge, dass pauschal 30 Prozent direkt von den Banken an das Finanzamt abgeführt werden, sofern kein Freistellungsauftrag vorliegt. Diese so genannte Zinsabschlagsteuer erniedrigt sich für Genussscheine und Wandelanleihen auf 25 Prozent, während sie sich für Tafelgeschäfte (bei denen der Kunde das Wertpapier bei sich zu Hause aufbewahrt) auf 35 Prozent erhöht. Es handelt sich um eine Vorauszahlung auf die Einkommensteuer. Ab 2000 unterliegen Zins- und Dividendeneinnahmen jenseits des Freibetrags dem jeweiligen Einkommensteuersatz – und der kann durchaus über 30 Prozent liegen. Dann müssen Sie den von der Zinsabschlagsteuer nicht abgedeckten Betrag nachzahlen.

Selbst wenn Sie mit eher bescheidenen Summen operieren, sollten Sie aufpassen: Es gibt Wertpapiere mit einer an sich passablen Rendite, die die gesamten Zinsen am Ende der Laufzeit ausschütten. Dazu gehört etwa der Bundesschatzbrief Typ B, der nach sieben Jahren fällig wird – und bis dahin haben sich so viele Zinsen angesammelt, dass allein diese Ausschüttung den Freibetrag überschreitet. 10 000 Mark, im Sommer 1993 angelegt, erzielten im Sommer 2000 immerhin 5 870 Mark Zinsen. Wenn Sie sonst keinerlei Kapitaleinkünfte hatten, mussten Sie 2 770 Mark versteuern, auch wenn Sie 1993 noch nicht mit der Absenkung des Freibetrags rechnen konnten.

Was gilt denn nun eigentlich als steuerpflichtiger Kapitalertrag? Generell lässt sich sagen: der Gewinnanteil, der auf das angelegte Kapital ausgezahlt wird (also nicht: die Wertsteigerung der Kapitalanlage). Betroffen sind Zinsen, und zwar sowohl die vertrauten Zinsen auf Sparbücher als auch auf Rentenpapiere, aber auch weniger bekannte Erträge auf Genussscheine (grob gesagt Aktien ohne Stimmrecht), GmbH- oder Genossenschaftsanteile und dergleichen mehr.

Auch Dividenden – der Gewinnanteil von Aktien – gehören hierher, sind jedoch steuerlich ein komplizierter Fall. Ab 2002 gilt das so genannte Halbeinkünfteverfahren. Je die Hälfte der Dividenden muss dabei im Rahmen des Gesamteinkommens versteuert werden. Am einfachsten lässt sich das mit einem Beispiel erklären:

Aktionär X hat seinen Freibetrag bereits ausgeschöpft, sein individueller Einkommensteuersatz liegt bei 30 Prozent. Für seine Anteile an der Y-AG erhält er 1 000 Euro Dividende. Darauf führt die Aktiengesellschaft 25 Prozent oder 250 Euro Körperschaftsteuer ab (Körperschaftsteuer ist das Äquivalent der Einkommensteuer für so genannte juristische Personen, hier also das Unternehmen). Herr X bekommt 750 Euro ausgezahlt. Die Hälfte davon muss er versteuern, in seinem Fall heißt das, dass er 30 Prozent von 375 Euro gleich 112,50 Euro ans Finanzamt zahlt. Von seinem Gewinnanteil bleiben letztlich 637,50 Euro. Das entspricht einer Steuerbelastung von 36,25 Prozent.

Das Deutsche Aktieninstitut hat ausgerechnet, dass dieser Teil der Steuerreform Haushalte mit einem Steuersatz bis zu 40 Prozent schlechter stellt, während Personen mit sehr hohen Einkommen und damit höheren Steuersätzen deutlich entlastet werden.

Hätte Herr X seinen Freibetrag nicht ausgeschöpft, könnte er die 250 Euro, die die Y-AG als Körperschaftsteuer bezahlt hat, vom Finanzamt zurückverlangen. In diesem Fall würde ihm die gesamte Dividende in Höhe von 1 000 Euro gutgeschrieben.

Sie merken schon: Der Freibetrag kann über den ökonomischen Sinn und Unsinn einer Kapitalanlage entscheiden. Sehen wir uns die Sache von ihrer praktischen Seite an.

Freistellungsaufträge und Werbungskosten

Wie gesagt, den steuerfreien Anteil der Kapitalerträge können Sie sich ohne den Umweg über die Steuererklärung sichern. Dafür sollten Sie bei allen Instituten, von denen Sie Zins- oder Dividendenerträge zu erwarten haben, je einen Freistellungsauftrag abgeben (gegebenenfalls auch für die Konten Ihrer minderjährigen Kinder). Dieser Service sollte unentgeltlich sein, ebenso Änderungen der Höhe oder ein Widerruf desselben. Nur für besonders arbeitsaufwändige Vorgänge erheben manche Banken eine Gebühr, etwa wenn Sie einen Freistellungsauftrag nachreichen, um sich die Kapitalertragsteuer rückvergüten zu lassen. Die Umrechnung auf Euro nehmen die Institute zum offiziellen Umtauschkurs automatisch vor, einmal erteilte Freistellungsaufträge behalten also ihre Gültigkeit.

Angenommen, Sie haben alle Anlagen bei einer Bank, genügt natürlich ein Freistellungsauftrag über den gesamten Freibetrag. Wahrscheinlicher ist jedoch, dass Sie bei verschiedenen Instituten Gelder liegen haben. Dann sollten Sie sich die jeweils zu erwartenden Erträge ansehen und den Freibetrag entsprechend aufteilen. Notieren Sie sich die Summen, sonst verlieren Sie schnell den Überblick! Schummeln lohnt nicht, die Banken melden sämtliche Freistellungsaufträge an eine zentrale Stelle, die über die Einhaltung der Freigrenze wacht. Wenn Sie die Zinserträge im Auge behalten, merken Sie auch rechtzeitig, wann Sie auf andere, steuerlich günstigere Anlagen umsteigen sollten. Das folgende Arbeitsblatt soll Ihnen diese Arbeit erleichtern.

Kreditinstitut	Geldanlage	Zins- und Dividendeneinnahmen im laufenden (folgenden) Jahr (geschätzt)	Höhe des Freistellungsauftrags
Bank A			
Institut XY			
Investmentgesellschaft B			
Bank C			
Summe:			

Verheiratete müssen alle Freistellungsaufträge gemeinsam unterschreiben, auch wenn die betreffenden Konten nur auf einen der Partner lauten.

Der Freibetrag bezieht sich auf die Nettoerträge. Das heißt, Sie können alle Kosten, die im Zusammenhang mit Ihren Kapitalanlagen entstehen, abziehen. 100 Mark bei Ledigen und 200 Mark (circa 50 beziehungsweise 100 Euro) bei Verheirateten erkennt das Finanzamt ohne Nachweis an. Vielleicht lohnt es sich für Sie, Depotgebühren, Mietkosten für Schließfächer, Telefon- und Onlinegebühren, Ausgaben für Fachzeitschriften und Börsenliteratur, einschlägige Software, Besuche von Hauptversammlungen und so weiter zusammenzurechnen. Derartige Ausgaben müssen Sie im Einzelnen belegen, sammeln Sie bitte fleißig Quittungen – möglichst so, dass Sie sie rechtzeitig vor der Steuererklärung wiederfinden!

Wie viel Geld dürfen Sie nun anlegen, sodass Sie auf Zinsen und Dividenden keine Steuer bezahlen müssen? Hier eine Tabelle dazu:

Rendite in Prozent	Ledige	Verheiratete
3	52833	105666
4	39625	79250
5	31700	63400
6	26416	52832
7	22642	45284
8	19812	39624
9	17610	35220

So lesen Sie die Tabelle: Wenn Sie nicht verheiratet sind und Ihr Erspartes zum Beispiel als Tagesgeld zu 3 Prozent angelegt haben, dürfen Sie 52833 Euro auf dem Tagesgeldkonto ansammeln, ohne darauf Steuern zahlen zu müssen.

Der Sonderfall: Nichtveranlagung

Wenn Ihr Jahreseinkommen insgesamt unter dem Existenzminimum liegt, werden Kapitalerträge über den Freibetrag hinaus übrigens nicht versteuert. Im Jahr 2001 liegt diese Grenze für Ledige bei 14093 Mark (das entspricht etwa 7205 Euro), ein Betrag, der sich um den Sparerfreibetrag (3000 Mark oder 1533 Euro) und die Pauschbeträge für Werbungskosten und Sonderausgaben (100 und 108 Mark oder gut 51 und 55 Euro) erhöht, sodass ein Alleinstehender theoretisch 17301 Mark oder 8844 Euro Zins und Dividenden steuerfrei einnehmen darf. Für Eheleute gilt jeweils das Doppelte.

Ausnutzen lässt sich das für Kinder ohne eigenes Einkommen. Wenn Sie ihnen Vermögen übertragen (das Sohn oder Tochter dann aber auch rechtlich gehört, über das sie also verfügen können, ohne Sie zu fragen), bleibt es bis zu den genannten 17301 Mark (künftig etwa 8844 Euro) pro Kind steuerfrei. Wäre sicher eine Überlegung wert, wenn das Sparziel ohnehin dessen Ausbildung ist. Beachten Sie, dass die entsprechenden Erträge auf einem Konto gutgeschrieben werden müssen, das auf den Namen des Kindes lautet, und dass Sie die Einnahmen nicht für seinen Unterhalt verwenden dürfen. Die Bank benötigt eine Nichtveranlagungsbescheinigung, um diese Kapitalerträge direkt auszuzahlen. Eine solche Bescheinigung bekommen Sie bei Ihrem Finanzamt. Sie ist jeweils drei Jahre lang gültig und erspart Ihnen, das Geld über die Steuererklärung vom Fiskus zurückzufordern.

Die Besteuerung von Spekulationsgewinnen

Der Ertrag börsennotierter Wertpapiere setzt sich aus zwei Komponenten zusammen: den Zins- und Dividendenzahlungen, die eben behandelt wurden, und der Wertsteigerung (ja, das gilt auch für Rentenpapiere, nur fällt die Wertsteigerung hier in der Regel nicht ins Gewicht, vergleichen Sie dazu Kapitel 7). Es wurde in den vorangehenden Kapiteln bereits mehrfach angesprochen: Aktien und Aktienfonds sind steuerlich günstiger, weil bei diesen Anlageformen die Wertsteigerung als der eigentliche Ertragsträger gilt. Erwähnt wurde aber auch schon, dass es eine Einschränkung gibt: die Spekulationsfrist. Gleichzeitig mit der Halbierung des Freibetrages wurde sie von sechs Monaten auf ein Jahr heraufgesetzt. Wenn Sie ein Papier innerhalb eines Jahres mit einem Gewinn unter 1000 Mark oder 511,29 Euro verkaufen, dürfen Sie das Geld ebenfalls behalten – 999 Mark beziehungsweise rund 510 Euro bleiben pro Person und Jahr steuerfrei. Wenn Sie auch nur einen halben Euro mehr erzielen, müssen Sie allerdings den gesamten und nicht nur den die Freigrenze übersteigenden Betrag versteuern. Angenommen, Sie haben ein Papier innerhalb eines Jahres mit Verlust, das andere mit Gewinn verkauft, dürfen Sie beide miteinander verrechnen. Noch Fragen?

Notieren Sie sich am besten das Kaufdatum Ihrer Wertpapiere (mehr dazu in Kapitel 12), damit Sie nicht aus Versehen innerhalb der Frist verkaufen. Steuerlich empfiehlt es sich, Zinspapiere nur bis zur Freigrenze zu nutzen und jeden weiteren Euro in Aktienfonds, Aktien oder Zertifikate zu investieren. Und wenn Sie schon spekulieren wollen, dann schauen Sie entweder auf den Kalender oder spekulieren so perfekt, dass Sie das bisschen Steuer leicht verschmerzen können ...

Kapitel 12

So bringen Sie Ihre Buchführung auf Vordermann

Barbara weiß noch genau, was sie im letzten Jahr für diese 100 Aktien bezahlt hat. Aber wann hat sie die Papiere erworben? Jetzt will sie verkaufen und steht vor einem Dilemma. Die Aufzeichnungen der letzten Monate zu durchforsten ist eine unerfreuliche Aufgabe.

Barbaras Geschichte ist kein Einzelfall. Die Profis halten die Buchführung für eine der wichtigsten und am häufigsten vernachlässigten Aufgaben kluger Investoren. Vollständige Aufzeichnungen helfen Ihnen, Ihr Portfolio zu überwachen und den richtigen Zeitpunkt zum Kauf oder zum Verkauf zu ermitteln. Außerdem erkennen Sie eher, ob Ihr Makler oder Finanzberater Ihr Konto korrekt verwaltet.

»Wir erklären das den Leuten folgendermaßen: Eine ordentliche Buchführung ist für ihr Portfolio wie ein jährlicher Kontrollbesuch beim Arzt«, verrät Richard A. Armellini, Vizepräsident und Filialleiter bei Fidelity Investments in Los Angeles. »Sie bleiben auf dem Laufenden, was Kosten und Erträge angeht, und Sie können viel Geld sparen, wenn Sie Ihre Steuererklärung ordentlich und fristgerecht einreichen.«

Doch viele Anleger ignorieren solche Ratschläge. Wer nie ein entsprechendes System in seine Unterlagen gebracht hat, steht vor einem mühseligen Unterfangen. Doch das muss nicht so sein. Wenn Sie zeitig anfangen, ist alles halb so wild.

Organisatorische Vorgaben

Ellen Norris Gruber, Autorin von *The Personal Finance Kit* und Miteigentümerin von Go Get Organized, einem in Burlingame, Kalifornien, ansässigen Unternehmen, empfiehlt Folgendes: Kaufen Sie sich einen großen Ordner, einen Locher und bunte Trennblätter. Das kostet Sie (absetzbare!) 15 bis 20 Euro, doch Sie schaffen damit die Grundlage für die nächsten Jahrzehnte.

Unterteilen Sie den Ordner nach Art der Anlagen oder nach Konten. Leute mit großen Portfolios, die viele verschiedene Investments halten und selbst handeln, ordnen Ihre Unterlagen nach Datum, damit sie ihre Titel auf Monatsbasis verfolgen können. Aber wenn Sie eine überschaubare Anzahl von Instrumenten im Portfolio haben, die Sie länger halten wollen, hieße eine solche Einteilung mit Kanonen auf Spatzen zu schießen.

Der nächste Schritt besteht darin, für jede Anlage eine Gesamtaufstellung anzufertigen. Sie erleichtert Ihnen nicht zuletzt, bei Spekulationsgewinnen mit Verlust verkaufte Papiere gegenzurechnen. Auf dem Übersichtsblatt sollten Sie sich notieren, wie viel Sie ursprünglich für die Papiere bezahlt haben, welche Kosten damit verbunden waren (Maklergebühren, Provision, Auslagen) und in welcher Höhe Sie Ihre Investition in die besagte Aktie, Anleihe oder den Fonds aufgestockt haben. Bei Sparplänen schickt Ihnen die Depotbank Ende des Jahres eine Übersicht mit allen relevanten Daten. Die Anschaffungskosten (einschließlich Maklergebühren, Ausgabeaufschlägen und Verkaufsprovisionen) sowie die Höhe der Folgeinvestitionen – die Gesamtkosten der Investition – bilden die Grundlage für die Steuerberechnung, wenn Sie im Falle eines Verkaufs den steuerpflichtigen Gewinn ermitteln müssen. Wer hier Maklergebühren und die Anschaffungskosten nicht mehr nachvollziehen kann, zahlt unter Umständen zu viel.

Wenn Sie Ihr System einmal eingerichtet haben, müssen Sie nur noch die Kontoauszüge hinter dem Trennblatt und der Aufstellung für jede Anlageart abheften. Es ist ratsam, jeden Auszug kurz zu überprüfen, wenn er eingeht, um Fehler oder andere Abweichungen auszuschließen.

Einmal im Jahr, besser einmal im Quartal sollten Sie dann die Aufstellung aktualisieren. Sie vermittelt Ihnen eine Vorstellung von der Entwicklung einzelner Anlageformen und des gesamten Portfolios. Auf dieser Basis fällen Sie dann auch Ihre Entscheidung, ob Sie Papiere halten, kaufen oder abstoßen wollen (vergleichen Sie dazu Kapitel 6). Werfen Sie die Unterlagen zu veräußerten Investitionen nicht allzu eilfertig weg – vier bis fünf Jahre sollten Sie sie schon aufbewahren.

Was tun, wenn es Ihnen geht wie Barbara? Wenn Sie investiert und nie ordentlich Buch geführt haben und gar nicht wissen, wo Sie stehen? Wenn Sie es richtig machen wollen, bitten Sie Ihren Makler, die Fondsgesellschaft oder Ihren Vermögensberater um Hilfe bei der Rekonstruktion der Investmentgeschichte. Manchmal werden Ihnen Gebühren berechnet für Kopien von Kontoauszügen oder auch für die Arbeitszeit des Beraters. Wenn das Konto noch nicht allzu lange besteht, halten sich Aufwand und Kosten in Grenzen. Doch je länger Sie damit warten, desto schwieriger wird es.

Kapitel 13

Hilfe!

Die Stiftung Warentest untersuchte im Frühjahr 2000 die Beratungsqualität der Banken. Das Ergebnis war erschreckend.

Die Beratungsqualität der Banken

Beurteilung	Zahl der Kreditinstitute (2000)	Anteil in Prozent
sehr gut	–	–
gut	2	8
zufrieden stellend	4	16
ausreichend	14	56
mangelhaft	5	20

Zahl der im Jahr 2000 untersuchten Banken insgesamt: 25

1997 stellten die Tester in 196 Gesprächen fest, dass

- 94 Prozent der Berater nicht nach bestehenden Krediten oder Schulden fragten,
- 85 Prozent der Berater nicht nach dem Einkommen fragten,
- 33 Prozent der Berater nicht nach der Risikobereitschaft des Anlegers fragten,
- 33 Prozent der Berater nicht nach dem gewünschten Anlagehorizont fragten und
- 49 Prozent der Berater nicht über die Gebühren der empfohlenen Geldanlagen informierten.

Ohne diese Eckdaten ist eine individuelle Beratung eigentlich nicht möglich. Auch die 2000 durchgeführte Erhebung ergab, dass es den meisten Anlageberatern schwer fällt, die wichtigsten Kundendaten zu erfassen und in konkrete Ratschläge umzusetzen. Ziele der Geldanlage, Risikobereitschaft und gewünschte Verfügbarkeit wurden kaum abgefragt, konkrete Empfehlungen hatten Seltenheitswert. Die Bankmitarbeiter stellten verschiedene Möglichkeiten vor, ließen den Kunden mit der Entscheidung jedoch allein. Wenn sie ausnahmsweise mal ein Anlagemodell entwickelten, dann zu Produkten, mit denen man nichts falsch machen kann. Bei Auskünften zu institutsfremden Fonds grenzte ihre Haltung an Verweigerung.

Ein Trauerspiel und seine Gründe

Das Ergebnis in Kurzform: Wer sich auf diese Beratung verlässt, der ist verlassen. Warum das so ist? Eine Vermögensberatung lohnt sich für die Banken erst ab 125 000 Euro. *Finanztest* formulierte denkbar trocken: »Selbst bei 100 000 Mark können Anleger eine sorgfältige und fachgerechte Anlage ihres Vermögens nicht erwarten.« Wer nicht das große Geld mitbringt, wird mit Standardprodukten abgespeist. Die Mitarbeiter in den Filialen haben Verkaufsvorgaben, die sie erfüllen müssen und für die sie Provisionen erhalten. Entsprechend biegen sie die Beratung zurecht.

Das ist nicht persönliche Schuld. Der Fehler liegt im System. Für die gesamte Geld- und Versicherungsbranche gilt: Verdient wird am Produkt. Die Beratung ist kostenlose Dreingabe. Und natürlich rät der Mann oder die Frau hinter dem Schalter zu den Fonds des bankeigenen Investmenthauses – so bleiben die Einnahmen in der jeweiligen Konzerngruppe hängen. Bundesschatzbriefe werden sie Ihnen freiwillig niemals empfehlen: Alle Institute sind zu deren Verkauf verpflichtet, haben damit aber nur Arbeit und keinen Gewinn. Über Töchter und Kooperationspartner spinnen die Banken ein Netz von Finanzdienstleistungen, um den Kunden an sich zu binden.

Die Deutsche Bank geht mit ihrem ab 2001 gültigen Abrechnungssystem einen Schritt in die richtige Richtung, bleibt aber auf halbem Weg stehen: Beratungsleistungen werden nicht mehr über die Transaktionsgebühren vergütet und damit subventioniert. Vielmehr werden sie »orderbegleitend« ausgewiesen und verschwinden auf diese Weise nicht länger im Rechnungswerk des Kreditinstituts. Aber die Beratungsvergütung wird pauschal erhoben, unabhängig davon, ob der Kunde eine Beratung in Anspruch genommen hat oder nicht. Bei bis zu 50000 Euro Depotwert werden 1 Prozent, ab 100000 Euro nur noch 0,2 Prozent berechnet. Im Gegenzug wurden die Transaktionsgebühren gesenkt. Dieses Modell sorgt allerdings noch nicht für mehr Beratungsgerechtigkeit. Vermutlich werden andere Kreditinstitute nachziehen, die Deutsche Bank hat in der Branche traditionell eine Vorreiterrolle.

Unabhängige Beratung gegen Honorar

Guter Rat, sagt man, ist teuer. Nur: Schlechter Rat wird noch viel kostspieliger. Bemühen wir den Volksmund ein zweites Mal: Niemand hat etwas zu verschenken. Und die Moral von der Geschicht: Verabschieden Sie sich von der Idee einer kostenlosen Beratung. Wer das behauptet, will Ihnen etwas verkaufen.

Ein guter Berater verkauft Ihnen freilich auch etwas: Informationen. Und dafür will er bezahlt werden, ein durchaus lauteres Begehren. Bei ihm können Sie sich frei von Abschlussdruck und Provisionsinteressen rechtlich, wirtschaftlich und finanziell unabhängig beraten lassen. Wo? Zugegeben, noch wird eine solche überprüfbar gute Leistung zu selten angeboten.

Unabhängige Berater finden Sie zum Beispiel bei Verbraucherzentralen. Ein Blick ins örtliche Telefonbuch genügt, Verbraucherzentralen gibt es in allen größeren Städten und in jedem Bundesland, umfassende Beratung in allen Finanz- und Versicherungsfragen gehört zu ihrem Service. Die Gebühren sind unterschiedlich. In Frankfurt am Main kostet eine zweistündige Beratung beispielsweise zur Altersvorsorge, bei der bestehende Sparverträge beurteilt und Angebote geprüft werden, rund 100 Euro.

Dünner gesät sind die Berater der nächsten Gruppe, die ich Ihnen vorstellen möchte. Sie werden von der Industrie- und Handelskammer bestellt und vereidigt und tragen den einigermaßen umständlichen Titel *Sachverständige für Kapitalanlage und private Finanzplanung.* Die Kandidaten müssen langjährige Berufserfahrung, persönliche Integrität und überdurchschnittliche Fachkenntnisse mitbringen. Eine Kommission prüft ihre Qualifikation nicht nur vor der Vereidigung, sondern auch in regelmäßigen Abständen während ihrer Tätigkeit. Hier können Sie also mit einer hochwertigen Beratung rechnen, die neutral und objektiv Ihre Belange berücksichtigt. Im Dezember 1998 wurde der erste Sachverständige dieser Art in Frankfurt am Main vereidigt, bis Herbst 1999 kamen zwei weitere hinzu.

Seit neuestem tummeln sich auch Steuerberater, Diplom-Kaufleute und andere Finanzberater auf diesem Feld. Sie arbeiten gegen Honorar und behaupten, absolut neutral zu sein. Organisiert sind sie im *Verband der Analysten für Investments und Finanzplanung,* der jedem Interessenten entsprechende Kontaktadressen besorgt (E-Mail: info@finanzanalysten.org). Die Beratung wird auf die individuellen Wünsche zugeschnitten: Wer den für sich passenden Investmentfonds sucht, bekommt die besten Angebote samt vergleichender Analyse. Das Honorar kann sich zwischen 500 und 1 000 Euro bewegen, Geld, das zum Teil durch zurückgezahlte Provisionen wieder eingespart werden kann.

Bereiten Sie sich vor!

Wenn Sie eine Beratung wünschen, können Sie selbst erheblich zum Gelingen beitragen. Vordringlichster, alles entscheidender Schritt: Werden Sie sich darüber klar, was Sie wollen. Geht es Ihnen um die Anlage vermögenswirksamer Leistungen, die Altersvorsorge oder

Wohneigentum? Möchten Sie Vermögen aufbauen, sparen Sie auf ein kurzfristiges Ziel hin? Notieren Sie sich, wie viel Kapital Sie schon haben, checken Sie mögliche größere Ausgaben, die auf Sie zukommen und Ihre Sparpläne durchkreuzen könnten, überlegen Sie, wie sich Ihre Einkommenssituation vermutlich entwickelt (Kind geplant? Fällt möglicherweise ein Verdienst aus?), und prüfen Sie, mit wie viel Risiko Sie leben können. Schaden kann es nicht, wenn Sie sich in die Thematik einlesen, die Tagespresse auf aktuelle Konditionen und Trends abklopfen, Möglichkeiten kennen lernen, sich mit der Terminologie ein wenig vertraut machen.

Je genauer Sie Bescheid wissen, desto mehr Gewinn ziehen Sie aus der Beratung – entweder indem Sie die Tendenz Ihres Gegenüber erkennen oder indem Sie wirklich gute Tipps mit nach Hause nehmen, statt sich mit reinen Verständnisproblemen aufzuhalten. Mit konkreten Detailfragen sind Sie sogar bei Ihrer Bank gut aufgehoben.

Der gute Berater

Woran, fragt Gretchen, erkennt man ihn denn? Im Vorfeld hat er eine besonders herausstechende Eigenschaft: Er unternimmt – nichts. Versucht weder, Ihnen einen Termin aufzuschwatzen, noch überhaupt, einen Kontakt herzustellen. Er wartet, dass Sie an ihn herantreten.

Wenn er dann da ist: Er baut nicht seinen Laptop auf, um Ihnen mit Charts und Schaubildern den Schneid abzukaufen, behauptet nicht, er müsse nur einige spezifische Kundendaten eingeben, und schon würde das System das beste Angebot für Sie ausspucken. Software ist meist reine Verkaufshilfe, ein Computer bestens geeignet, Wissenslücken zu kaschieren. Gute Berater kommen während der Beratung ohne EDV aus.

Haben Sie um eine bestimmte Beratung zu einem ganz anderen Thema gebeten (zum Beispiel zum Thema Versicherungen) und er bietet unaufgefordert, selbstverständlich kostenlos und unverbindlich, eine Finanz- und Vermögensberatung an: dann will er wohl herausfinden, wie fett die Beute sein mag, sprich, was er Ihnen noch verkaufen könnte. (Nebenbei: All das gilt für die weiblichen Vertreter der Zunft genauso. Es ist nur so mühsam, immer von ihm und ihr zu reden! Jedenfalls soll nicht implizit gesagt werden, dass Frauen sich hier anders verhalten würden.)

Fragt er nach Namen von Bekannten: Alarm! Er will *Ihren* Namen als Türöffner missbrauchen. Setzen Sie den Betreffenden vor die Tür, das ist eine schlicht unseriöse Praxis.

Fragen Sie den Berater lieber, ob er eine Vermögensschaden-Haftpflichtversicherung hat. Wenn ja, spricht das sehr für ihn. Niemand ist unfehlbar, Irren menschlich. Und ein Berater, der für seine Beratung haftet, integer und seriös.

Ein guter Berater nimmt sich Zeit zum Erklären, wirft nicht mit Fachausdrücken um sich und beschränkt sich nicht auf ein Produkt, das er in höchsten Tönen lobt. Er setzt Sie weder unter Zeitdruck noch drängt er auf einen Vertragsabschluss, noch versucht er Sie zu überreden. Er schickt Ihnen weitere Unterlagen, benennt Alternativen und lässt Ihnen die Möglichkeit, Vergleichsangebote zu prüfen.

Glossar

Aktie Anteilschein an einer Aktiengesellschaft. Aktienbesitzer sind Miteigentümer des Unternehmens mit einem auf ihren Kapitaleinsatz begrenzten unternehmerischen Risiko und an Gewinn und Verlust beteiligt.

Besteuerungsgrundlage Der verbleibende Gewinn nach Abzug aller von der Kapitalanlage verursachten Kosten und Verluste mit anderen Papieren, wenn innerhalb der Spekulationsfrist verkauft wird, sonst die nach Abzug aller Kosten verbleibenden Zinsen und Dividenden.

Call oder Kaufoption Wertpapier, das seinem Besitzer das Recht sichert, ein bestimmtes Wertpapier zu einem festgelegten Preis und einem festgelegten zukünftigen Termin zu kaufen.

Derivate Hochspekulative Wertpapiermischform (die Banker sprechen von einem »Hybriden«), bei der ein traditionelles Anlageinstrument durch die Magie des Investment-Bankgeschäfts in ein ganz neues Wertpapier verwandelt wird. Eigentlich sollen sie dazu dienen, ein mit dem zugrunde liegenden Wertpapier verbundenes, sehr spezifisches Risiko aufzufangen.

Dividende Zahlungen in bar oder in Form von Aktienanteilen, mit denen Unternehmensgewinne anteilig an die Aktionäre ausgeschüttet werden.

Dividendenrendite Sie beschreibt den Prozentsatz, den der Anleger jährlich für seine Aktien über die Dividenden ausbezahlt bekommt. Die Dividendenrendite wird berechnet durch Abgleich des Aktienkurses mit dem pro Aktie ausgeschütteten Gewinnanteil. Zahlt also ein Unternehmen jedes Jahr einen Euro Dividende je Aktie und der Kurs steht bei 50 Euro, dann entspräche das einer Dividendenrendite von 2 Prozent.

Einlagenzertifikat Vertrag mit einer Bank, in dem Sie sich verpflichten, dem Kreditinstitut einen bestimmten Betrag für einen festgelegten Zeitraum zu leihen. Im Gegenzug verpflichtet sich die Bank zur Zahlung eines festgelegten Zinssatzes.

Finanzierungsschätze Kurzfristige Schuldverschreibungen des Bundes in zwei Laufzeitvarianten (ein- und zweijährig), angeboten als Daueremissionen, börsentäglich erhältlich, jedoch nicht an der Börse gehandelt, weswegen vorzeitige Rückgabe nicht möglich ist. Finanzierungsschätze sind abgezinste Wertpapiere, werden also abzüglich der Zinsen gekauft und bei Fälligkeit zum Nennwert (Stückelung: 1000 Mark) zurückgezahlt.

Geldmarktfonds Offener Investmentfonds, dessen Kapital in relativ sichere, kurzfristige Anlagen investiert wird, wie kurzfristige Schuldtitel erstklassiger Adressen, Bankeinlagen und Bundespapiere.

Gewinn je Aktie Der Anteil am Gewinn, der auf jede in Umlauf befindliche Aktie des Unternehmens entfällt. Ein Unternehmen mit einer Million in Umlauf befindlichen Aktien und 1,2 Millionen Euro Gewinn würde also einen Gewinn je Aktie von 1,20 Euro ausweisen.

Handelsvolumen Die Stückzahlen einer Aktie, die in einem bestimmten Zeitraum den Besitzer wechseln; wird gewöhnlich auf Tagesbasis berechnet.

Industrieanleihen Schuldtitel, die von einzelnen Unternehmen begeben werden. Wenn Sie eine Industrieanleihe erwerben, so leihen

Sie Ihr Geld einem Unternehmen, das Ihnen im Gegenzug verspricht, Ihr Kapital in regelmäßigen Abständen zu verzinsen.

Inflation Kostenanstieg von Waren und Dienstleistungen.

Initial Public Offering (IPO) oder Neuemission Beschreibt die Börseneinführung, bei der erstmals Aktien eines Unternehmens dem breiten Publikum angeboten werden.

KGV oder Kurs-Gewinn-Verhältnis Kennziffer für den Marktkurs eines Unternehmens im Verhältnis zu seinem Gewinn (siehe Kapitel 5). Es wird berechnet, indem man den aktuellen Kurs der Aktie durch den jährlichen Gewinn je Aktie teilt. Ein Unternehmen mit einem Gewinn je Aktie von 2 Euro, dessen Aktien zu 50 Euro gehandelt werden, hätte demnach ein KGV von 25.

Kommunalobligationen Anleihen, die von den Kommunen, also Städten und Gemeinden begeben werden. Generell ist die Rendite solcher Papiere eher niedrig.

Kündigungstermin Der Zeitpunkt, an dem der Emittent einer Anleihe die in Umlauf befindlichen Schuldtitel tilgen (also zurückzahlen) kann, obwohl die Laufzeit der Anleihe noch nicht beendet ist.

Portfolio Der gesamte Bestand an Geldanlagen, über die eine Person (oder ein Investmentfonds) verfügt. Dazu können Aktien, Anleihen, Immobilien, Bargeld und sonstige Anlagen gehören.

Put oder Verkaufsoption Ein Wertpapier, das seinem Eigentümer das Recht sichert, bestimmte Aktien zu einem festgelegten Preis zu einem bestimmten Termin in der Zukunft zu verkaufen. Verfügt jemand über einen 35-Euro-Put für das Unternehmen XYZ, so kann er bis zum oder am Verfallstermin diese Aktie für 35 Euro verkaufen, selbst wenn der Marktkurs von XYZ auf 30 Euro gefallen ist.

Regierungsanleihen Langfristige Schuldtitel der Regierung mit Laufzeiten von zehn Jahren oder mehr.

Schatzwechsel Kurzfristige Schuldtitel (Laufzeit maximal drei

Monate) des Bundes und der Länder, die die Deutsche Bundesbank Kreditinstituten anbietet. Das amerikanische Äquivalent, die Treasury Bills, steht hingegen auch Privatanlegern offen.

Verbraucherpreisindex Statistische Erfassung der Lebenshaltungskosten, mit der die Inflation gemessen wird. Einbezogen werden die Preise von Dienstleistungen und Waren, die der Endverbraucher bezahlen muss.

Register